열여덟을 위한 논리 개그 캠프

개그와 함께하는 3일간의 논리 여행

열여덟을 위한
논리개그 캠프

김성우, 송진완 지음

알렙

웃음과 유머에 바치는 서

일반적인 견해에 따르면 비극은 인간의 위대한 면모나 영웅적인 모습을 그립니다. 반면에 코미디, 즉 희극은 인간의 비열한 모습이나 추악한 행태를 그립니다. 그래서 홉스와 같은 철학자는 웃음을 '사악한 인간 본성의 저열한 부분'이라고 부르기도 합니다. 한술 더 떠, 그는 웃음이 다른 사람들의 약점에 비해 자기 자신의 우월감을 표현한 것이라고 생각했습니다. 이 책에서는 이러한 우월한 웃음을 다루지 않으려고 합니다.

그래서 이 책은 비웃음을 거부하려고 합니다. 비웃음이란 권력자의 우월감이자 가진 자의 허세에서 나오는 것입니다. 비웃음이란 한마디로 권력의 유머이며, 지배의 웃음입니다.

이 책은 냉소(冷笑)도 마음에 두지 않으려고 합니다. 냉소란 많이 아는 자의 특권처럼 여겨집니다. 하지만 냉소의 지혜는 진리의 가짜 모습일 뿐입니다. 이런 이유로 냉소는 자신의 삶을 갉아먹습니다. 냉소로 인해 도전 정신과 변화의 시도가 위축되기 때문입니다. 그래서 냉소는 권력에 도구로 이용되는 웃음이며 현실에 복종하는 유머입니다.

"웃음은 인간의 얼굴에서 겨울을 몰아내는 햇볕이다."

프랑스의 대문호 빅토르 위고가 한 유명한 말입니다. 이처럼, 이 책이 추구하는 웃음은 시민의 얼굴에서 고통과 한숨을 쫓아내는 것입니다.

그렇지만 또 이 책은 값싼 위안과 천박한 힐링을 혐오합니다. 우리가 사랑하는 유머는 현실과 삶에 대한 예리한 통찰, 그리고 삶과 현실에 대한 집착 없는 긍정적인 태도를 보여주는 것입니다. 우리가 좋아하는 코미디는 역설과 반어로 모순과 부조리를 드러내면서도 해학과 익살로 위대한 정신의 건강을 표현합니다.

그래서 이 책은 반전의 아이러니를 좋아합니다. 반전은 패배를 승리로, 슬픔을 기쁨으로, 고통을 즐거움으로 바꿉니다. 반전은 현실에 저항하는 유머이며 권력에 도전하는 웃음입니다.

또한 이 책은 전복의 풍자를 추구합니다. 전복은 부당한 권위를 무너뜨리고 강자라고 착각하는 사람들의 허세를 웃음으로 폭로합니다. 전복은 현실을 뒤집는 웃음이며 생명력을 고양시키는 유머입니다.

우리는 이 책에서 웃음과 유머를 논리학과 철학에 결합시키는 작업에 도전했습니다. 일반적으로 형식논리학은 쉽게 무비판적인 정당화의 논리로 사용되기 쉽습니다. 귀납논리학은 수수께끼 풀이의 논리로 전락해 버리기도 합니다. 형식논리학과 귀납논리학이 개그의 반전과 코미디의 전복과 결합한다면 저항의 논리와 통찰의 논리로 바뀔 수 있습니다. 위대한 철학자들은 웃음과 유머에서 삶과 현실의 모순에 대한 통찰과 전통 가치에 대한 도전을 읽어냅니다.

또한 우리는 이 책에서 웃음과 논리의 기괴한 결합, 유머와 철학의 낯선 융합을 시도했습니다. 우리 작업의 최대 경쟁자는 정치인들입니다. 정치인들이 만드는 블랙 유머와 섬뜩한 웃음의 실상은 우리 시민들에게는 한숨이며 불편함입니다. 이와는 다르게 우리의 의도는 논리와 철학의 추상적 고원에 개그의 구체적인 나무를 심어 반전과 전복의 웃음을 드리고자 한 것입니다. 모순과 불일치의 유머, 해방과 저항의 개그, 위대한 화해와 지혜로운 통찰의 코미디를 통해 웃음의 철학적 코드를 드러내고자 한 것입니다.

일반적으로 미학과 문예비평에서는 웃음, 즉 익살은 골계미로 표현됩니다. 이 골계미라는 범주 아래에 기지나 위트, 농담과 조크는 거의 동의어로 사용되며, 해학은 유머와 동의어이고, 풍자나 희화(캐리커처), 패러디나 반어(아이러니) 등이 있습니다.

이 책에서 유머는 웃음을 유발하는 말과 행동에 관한 가장 넓은 우산 개념으로 쓰입니다. 그 유머의 하위 범주로 위트, 농담(조크), 풍자 등이 있습니다. 그리고 유머가 예술로 제도화된 극이 코미디(희극)입니다. 개그는 원래 농담 위주의 코미디이지만 우리나라에서는 코미디를 대체하는 말이 되었습니다. 그러나 이 책에서는 웃음, 유머, 농담, 코미디, 개그가 거의 동의어로 사용될 것입니다.

이 책이 나오기까지 많은 분들의 도움이 있었습니다. 특히 이 책의 기획 배경이 된 「논술 개그」시리즈 공연에 많은 개그 콘텐츠를 제공해 주신, 대학로 명품 코미디 연극 「당신이 주인공」의 제작진 여러분들께 감사를 드립니다. 「당신이 주인공」의 제작사 대표이신 가도현 님과 연출가 개그맨 김대범 님께 특히 고마운 마음을 전합니다. 그리고 「당신이 주인공」과 「논술 개그」 시리즈에 함께 출연하며 수많은 개그 아이디어와 영감을 선물해 준 극단 '김대범소극장' 소속 신인 배우 여러분들의 노고를 잊을 수 없습니다.

무엇보다도 이 땅 위에서 코미디와 개그에 일생을 헌신하며 따뜻한 유머와 촌철살인의 농담과 예상을 뒤집는 풍자와 반어로 우리 시민들을 즐겁게 해준 코미디언들에게 이 책을 바칩니다.

2014년 11월

김성우, 송진완

목차

1

첫째 날

웃음을 모르고 논리를 따지남?

논리 공부의 기초는 무엇일까요? 논리에서는 객관적인 타당성이 중요합니다. 객관적인 타당성이란 모든 사람들이 동의할 수 있는 생각의 과정입니다. 이를 철학에서는 논리적 사고라고 부릅니다. 이러한 과정을 전문적으로 연구하는 학문 분야가 바로 논리학입니다. 그렇다고 해서 학생들이 어려운 논리학을 모두 공부해야 한다는 의미는 아닙니다. 논리적 사고력은 아주 간단한 원리에서 시작합니다. 마치 수학이 덧셈, 뺄셈, 곱셈, 나눗셈이라는 간단한 셈법에서 출발하는 것처럼 말입니다.

논리학은 크게 연역 논리학과 귀납 논리학으로 나눠집니다. 한편, 보통 연역 논리학을 그냥 논리학이라고도 하고 형식 논리학이라고 부르기도 합니다. 연역 논리학은 형식적 타당성이 중요하기 때문이지요. 형식 논리학은 기존의 지식을 정리하는 데 유용합니다. 다른 한편, 귀납 논리학은 확률 또는 개연성(그럴듯함)을 추구합니다. 귀납 논리학은 새로운 지식을 발견하는 데 쓰입니다.

슬프게도 현실에서는 연역 논리학이 기존의 선입견과 지식을 정당화하고 귀납 논리학이 기존 패러다임 안에서 문제풀이로만 활용될 수 있습니다. 하지만 유머와 개그에서는 연역 논리학과 귀납 논리학이 기존 생각을 전복하고 진부한 결론의 예상하지 못한 반전을 일으키는 데 사용될 수 있습니다. 웃음을 통해 형식 논리학의 지루함과 귀납 논리학의 사소함이 해체되고, 신선한 통찰을 줄 수 있습니다. 지금부터 유쾌한 개그 코너들을 논리학적으로 분석하면서 이러한 웃음 코드를 찾아봅시다.

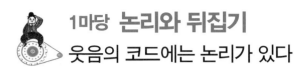

1마당 논리와 뒤집기
웃음의 코드에는 논리가 있다

당신 참 논리적이라는 말은 무슨 뜻일까?

"서기 2222년 지구는 우리 비만인들이 지배하게 됩니다. 마른인
간들은 거의 멸종하게 됩니다. 이제 우리 비만인들은 과거에 지구
에 살았다는 마른인간에 대해서 연구해 볼 필요가 있습니다."

――〈마른인간 연구소〉, 「폭소클럽」(2006)

우리가 보통 '당신 얘기는 논리적이지 못해'라고 말할 때 논리
적이지 못하다는 표현은, 말이나 글에 두서(頭緖)가 없다는 뜻입
니다. 그렇다면 '두서 있게' 말하거나 쓰면 그것이 논리적일까요?
맞습니다. 두서 있게 말하거나 쓰는 것이 논리적 사고력의 출발

입니다. 두서란 어떠한 글과 말의 순서와 질서, 즉 갈피를 뜻합니다. '갈피를 못 잡다'라는 표현이 바로 논리적이지 못함을 이르는 말입니다.

말이나 글에 두서가 있을 때, 그것을 논리적이라고 합니다. 이러한 논리를 다루는 학문이 논리학입니다. 논리학이 다루는 것은 낱말(개념), 명제(판단), 논증(추리)입니다. 낱말과 명제 그리고 논증은 각각 개념, 판단, 추리라는 사고 과정을 언어로 표현한 것입니다. 이중에서 우리가 개그에서 웃음 코드를 발견하거나 논술에서 글쓰기를 할 때에 가장 필요한 요소는 논증입니다.

논증이란 어떤 주장을 할 때 그 주장이 타당하고 그럴듯한지, 근거를 함께 제시하는 것을 말합니다. 이때 '주장'을 논리적인 용어로 표현하면 '결론'이며, '근거'는 '전제'입니다. 같은 말입니다. 두서없이 아무렇게나 말하고 글쓰는 대신, 말하고자 하는 바를 전제(근거)와 결론(주장)의 형식으로 질서 있게 제시하는 것이 논증입니다.

아래 예문을 볼까요?「논술 개그」 공연에도 등장하는 예문입니다.

가수 아이유는 눈이 두 개야. 왜 그러냐고? 그건 묻지 마. 아이유가 눈이 두 개라는데 왜 자꾸 따져? 그냥 그런 줄 알아. 아무튼 아이유는 눈이 두 개야.

아이유가 눈이 두 개라는 주장은 맞습니다. 하지만 전혀 논리적이지 않습니다. 주장을 뒷받침하는 근거가 제시되지 않고 막무가내로 말했으니까요. 위의 말을 논증으로 바꾸려면 어떻게 해야 할까요? 바로 전제와 결론의 형식으로 제시하면 됩니다.

전제(근거): 모든 사람은 눈이 두 개다.

전제(근거): 가수 아이유는 사람이다.

결론(주장): 그러므로 가수 아이유는 눈이 두 개다.

가수 아이유가 눈이 두 개라는 결론(주장)과 그 결론의 전제(근거)들을 함께 제시했습니다. 이러한 방식이 논리적 증명, 즉 논증에 해당합니다. 이렇게 제시하면 매우 논리적인 말이나 글이 됩니다. 다음 예문을 볼까요?

대전제(근거): 모든 사람은 눈이 세 개다.

소전제(근거): 가수 아이유는 사람이다.

결론(주장): 그러므로 가수 아이유는 눈이 세 개다.

위의 예문도 타당한 (연역) 논증입니다. 전제와 결론을 논리적으로 제시하고 있으니까요. 바로 여기에서 많은 학생들이 고개를 갸우뚱할 것입니다. '가수 아이유는 눈이 세 개다.'라는 결론을 받아들이기 어렵습니다. 그런데도 이 논증은 타당합니다. 이 논증의 문제점은 결론이 아니라 전제에 있습니다. '가수 아이유는 사람이다.'라는 소전제는 참이지만, '모든 사람은 눈이 세 개다'라는 대전제가 거짓이기 때문입니다. (이와는 달리 전제가 참인지 거짓인지 확증할 수 없을 때 그 전제는 가정이 됩니다. 위 삼단논법에서 대전제는 가정이 아니라 명백히 거짓입니다. 만약 눈이 세 개인 사람이 태어난다면 그 대전제는 가정이 아니라 거짓 전제가 됩니다.)

그런데 전제가 거짓이어도 타당한 논증일까요? 그렇습니다. (연역) 논증이란 전제나 결론의 사실관계를 따지는 것이 아닙니다. 다시 말해서 논증은 우선 내용의 사실 여부가 아니라 형식을 따지는 것입니다. 즉 논증은 전제로부터 결론이 도출되는 형식을 다룹니다. 그래서 논리학은 수학처럼 형식적인 학문입니다. 그 형식에 담긴 내용을 사실적으로 검토하는 역할은 과학(인문학, 사회과학, 자연과학)이 맡습니다.

과학적으로 그 논증의 전제들이 참일 때 그 논증은 내용적으로도 건전하다고 합니다. 다시 한 번 말하자면, 어떤 논증이 타당하다는 것은 형식이 올바르다는 것을 말하고, 건전하다는 것은 그 내용까지 참임을 의미합니다.

자 그럼, '논리적이다'라는 말을 정의해 볼까요?

"전제와 결론의 형식으로 제시되어야 하며, 그 전제로부터 결론이 필연적으로 나와야 합니다."

개그 속에 논리가 있다?!

자, 여러분. 여기까지는 그다지 특별한 내용은 아닙니다. 많은 학생들은 이미 이러한 내용을 알고 있을 겁니다. 본 책이 여러분께 드리고 싶은 말씀은 개그를 통해서 논증과 논리적 사고력을 공부할 수 있다는 사실입니다. 그것이 어떻게 가능할까요? 바로, 수많은 개그 코너들이 논증의 구조로 만들어지기 때문입니다.

여기서 또 많은 학생들이 궁금해할 것입니다. 우리가 보통 TV에서 보는 「개그콘서트」나 「코미디빅리그」의 개그 코너에는 전제나 결론이라는 말이 나오지 않기 때문입니다. 논리학 책에서는 논증이 우리에게 익숙한 전제와 결론의 형식으로 등장합니다.

그러한 교재는 공부를 위한 목적으로 만들어졌기 때문입니다. 하지만 우리의 일상생활에서 사용되는 '논증'은 전제와 결론의 형식으로 딱 부러지게 나타나지 않고 숨어 있는 경우가 대부분입니다. 그래서 논증, 논리적 사고력, 논술 공부가 어려운 것입니다.

하지만 걱정 마세요. 우리에겐 개그가 있으니까요. 논증의 구조를 숨기고 있는 개그 코너들을 뜯어보고 다시 조립하면서 논증이 어떻게 개그 코너를 구성하는지 확인해 본다면, 어려운 논술 공부도 쉽게 할 수 있습니다. 뭐든지 친숙하고 재미있는 것을 통해서 공부한다면 왠지 공부가 더 잘 되고 공부하고 싶은 마음도 생기는 법이니까요.

여러분, 「개그콘서트」에 출연하는 인기 개그맨 유민상 씨를 대개 아실 겁니다. 유민상 씨는 뚱보 캐릭터를 이용하여 외모 지상주의를 날카롭게 비꼬는 개그 코너들로 많은 사랑을 받고 있습니다. 그의 특기는 〈아빠와 나〉, 〈큰 세계〉 등의 개그 코너를 통해 보여주듯이, '뚱뚱함이 바로 세상을 살아가는 미덕이요 경쟁력이다.'라는 상상과 과장을 매우 지적인 웃음으로 만들어내는 것입니다.

유민상 씨는 2006년에 주로 신인 개그맨들이 출연하는 「폭소클럽」이라는 프로그램을 통해서 데뷔했는데요, 이때 유민상 씨가 결정적인 인기를 얻게 된 코너가 바로 〈마른인간 연구소〉입니다. 〈아빠와 나〉, 〈큰 세계〉에서 엿보이는 유민상 씨의 대표적인 웃음 코드가 〈마른인간 연구소〉에서 시작되었습니다. '뚱뚱한 사람이야말로 사회적으로 인정받는 올바른 사람이다.'라는 엉뚱하고 발칙한 상상을 통해서 갖가지 기상천외하고 웃음이 빵 터지는 구체적인 상황이 등장합니다. 이 과정에서 유민상 씨는 '논증'의 구조를 적절하게 사용합니다. 〈마른인간 연구소〉에 등장하는 갖가지 상황을 살펴볼까요?

(1) 마른인간들은 앉아서 다리 꼬기가 가능했다고 한다. 우리 비만인들의 상식으로는 있을 수 없는 일이다.

(2) 마른인간들이 먹던 초콜릿은 뒷면에 알 수 없는 칸이 있다. 혹시 나눠먹는 용도였을까? 비만인들의 상식으로는 있을 수 없는 일이다.

(3) 마른인간들은 '몸짱'이라는 질병을 앓았다고 한다. 몸에 '왕(王)' 자가 나타나고 몸이 근육으로 딱딱하게 굳어간다고 한다. 비만인들의 상식으로는 이해하기 어려운 질병이다.

위의 말들로만 봐서는 그다지 재미있거나 웃기다고 할 수는 없

습니다. 그냥 정신 나간 소리로만 들립니다. 그런데 〈마른인간 연구소〉를 본 사람이라면 알겠지만 위의 상황들이 등장할 때 관객들은 정신없이 웃을 수밖에 없습니다. 그 이유가 바로 논증 구조에 있습니다. 미리 말하지만, 위의 내용들은 논증 구조로 봤을 때는 생략된 부분들이 있습니다. 이것만 가지고 웃기다고 말하기 어렵지만 개그 코너 처음에 등장하는 대목이 이를 뒷받침하면 강력한 웃음이 됩니다. 〈마른인간 연구소〉의 출발점은 다음과 같습니다. 코너가 시작되면 유민상 씨는 항상 이 말을 먼저 하죠.

서기 2222년 지구는 우리 비만인들이 지배하게 됩니다. 마른인간들은 거의 멸종하게 됩니다. 이제 우리 비만인들은 과거에 지구에 살았다는 마른인간에 대해서 연구해 볼 필요가 있습니다.

아까 논증의 구조를 언급할 때, 논증이란 내용의 참, 거짓을 확인하는 것과 무관하게 우선 논리적인 형식을 띠고 있는지가 중요하다고 말한 것을 기억하시나요? 비록 이러한 주장은 거짓이거나 사실임을 확인하기 어려운 미래의 내용이죠. 그렇지만, 웃음을 위해서 위의 전제를 우리가 받아들이는 순간, 그 다음에 등장하는 마른인간에 관한 다양한 미스터리들이 논리적으로 필연적인 결론이 됩니다. 외모 지상주의라는 현실을 날카롭게 비꼬는 내용의 황당한 전제를 통해 황당한 결론들이 이끌어져 나오는 논리적인 상황(필연성)이 웃음을 자아내는 것입니다. 〈마른인간 연구소〉를 논증 구조로 재구성해 볼까요?

이 논증은 이중적으로 복합적인 구조를 지니고 있습니다.

전제: 현재 지구에는 비만인들만이 살아남았고, 과거에 비만인들과 함께 살았다는 마른인간들은 모두 멸종했다.

(숨은 결론: 인간의 행동과 습관에 대한 상식적 판단의 기준은, 살아남은 다수를 차지하는 우리 비만인들에게 있다.)

이 결론이 다시 전제가 됩니다.

(숨은 전제: 인간의 행동과 습관에 대한 상식적 판단의 기준은, 살아남은 다수를 차지하는 우리 비만인들에게 있다.)

(숨은 전제: 우리 비만인들은 앉아서 다리 꼬기가 불가능하다.)

전제: 마른인간들은 앉아서 다리 꼬기가 가능했다고 한다.

결론: (그러나 이는) 우리 비만인들의 상식으로는 있을 수 없는 일이다.

몸이 근육으로 딱딱하게 굳어가는 마른인간.

반전의 논리가 웃음을 준다

앞으로 계속 살펴보겠지만 위와 같이 논증의 구조를 활용하는
개그 코너들은 매우 많으며 지금까지도 역대급으로 사랑받는 경
우가 대부분입니다. 왜 그러한 현상이 나타날까요? 개그는 남을
웃기려는 의도적인 행위이기 때문에 '전제'와 '결론'의 논증 형식
으로 재구성되기 쉬운 구조적 특성을 갖고 있습니다.

게다가 〈마른인간 연구소〉처럼 날카로운 통찰과 창의적인 표

현이 효과적으로 제시될 때 더 큰 웃음을 주게 됩니다. 이는 또한 논리적 사고력의 특징이며 개그를 통해서 논리 공부가 가능할 수 있는 근거이기도 합니다. 〈마른인간 연구소〉는 논리적인 상황과 구조를 그대로 드러내면서 웃음을 만드는 경우에 해당하지만 일부러 논리적인 상황과 구조를 깨뜨리면서 웃음을 만드는 개그 코너들도 많습니다. 이러한 종류의 개그 코너들도 논리적 사고력을 기르는 데 큰 도움을 줍니다. '반면교사(反面教師)'라는 한자성어를 들어본 적이 있을 겁니다. 좋고 긍정적인 모습을 통해서만이 아니라 잘못되고 부정적인 모습을 통해서도 '저렇게 하면 안 되지!'라는 식의 학습효과를 주기 때문입니다.

다음 장에서는 논증의 두 가지 종류 중 하나인 '연역 논증'에 대해서 알아보겠습니다. 물론 재미있는 개그 코너를 통해서 말입니다.

뚱보 개그의
새로운 패러다임을 제시한
유민상

유민상은 KBS 공채 개그맨 20기로 데뷔했으며, 2006년 「폭소클럽」의 〈마른인간 연구소〉로 주목받기 시작했다. 데뷔 이후 특별한 공백 기간 없이 「개그콘서트」에 꾸준히 출연하며 수많은 히트 코너와 유행어들을 만들어냈다. 주인공이 아니라 동료 개그맨들을 받쳐주는 캐릭터로도 많은 인기와 사랑을 받았지만 뚱뚱한 체격답게 자신이 직접 뚱보 캐릭터로 등장하는 개그 코너가 그의 대표작들이다.

〈마른인간 연구소〉 이후로 〈아빠와 나〉, 〈누려〉, 〈큰 세계〉 등은 개그맨들 사이에서도 뚱보 개그의 새로운 패러다임을 제시한 것으로 평가받는 수준 높은 코너들이다. 유민상이 등장하기 이전의 뚱보 개그는 대부분 '뚱보는 욕심 많고 어리석다'라는 편견에 기대어 유치한 몸 개그와 웃음 코드를 보여주는 것이었지만, 유민상은 이러한 편견을 과감히 뒤집어 '뚱보가 세상을 지배하며 뚱뚱함이 세상을 살아가는 경쟁력이자 사회의 미덕이다'라는 과장과 상상을 통해 외모 지상주의를 비꼬는 날카로운 풍자 개그를 즐겨 만들었다.

「개그콘서트」의 〈뮤지컬〉이라는 코너를 통해 노래 실력을 인정받은 이후 뮤지컬에도 출연하는 등 다양한 재능을 보여주고 있다.

2마당 기계라서 웃음이 나와
연역 논증의 웃음 코드 1

엉뚱한 논리 vs **논리적인 엉뚱함**

"경고: 이 영화를 보다가 어패류 이름을 말하면 죽는다."

―― 〈스크림〉, 「개그콘서트」(1999)

「개그콘서트」의 초창기 코너 중에 〈스크림〉이라는 코너를 기억하실지 모르겠네요. 벌써 15년 전 코너라서 요즘 학생들은 잘 모를 겁니다. 현재 「개그콘서트」의 최고참인 김준호 씨가 거의 막내에 가까운 시절에 출연했던 코너입니다. 성대모사와 유창한 영어회화 실력을 자랑하는 개그맨 김영철 씨도 출연했습니다. 이 코너는 영화 「스크림」을 패러디해서 무서운 경고문으로 시작했지요. 예를 들면 "경고: 이 영화를 보다가 어패류 이름을 말하면 죽는다."와 같은 엉뚱한 경고문이었습니다. 출연한 개그맨들은 어떻게든 어패류 이름을 말하지 않기 위해 갖은 고생을 하지만 결국 어쨌거나 저쨌거나 어패류 이름을 말하거나 말한 셈이 돼서 어쩔 수 없이 죽게 되는 황당한 코너였습니다. 어떤 내용인지 한번 들여다볼까요?

김준호: 야 심현섭! 머리가 왜 이 모양이야. 나랑 같이 머리 하러 미장원 가자.

심현섭: 아이, 귀찮어.

김준호: 그러지 말고 나랑 가자 미장원 (당황하며) 가자미장원!! 가자미! 결국 이렇게 죽는구나!

요즘 보면 다소 썰렁할 수도 있는 추억의 말놀이 개그입니다. 그런데 이 개그는 단순한 말놀이, 말장난만 보여주는 것이 아니라 전형적인 '논증'의 구조를 갖고 있습니다. 그리고 논증의 구조가 큰 웃음을 만들어내고 있습니다. 수많은 개그들이 논증과 관련 있음을 이미 여러 번 얘기했지요? 논증이란 근거(전제)를 갖고 주장(결론)을 제시하는 과정입니다. 개그도 남을 웃기기 위해서 적절한 웃음 코드를 엮어내는 언어 놀이라는 점에서 논증 방식을 이용하기도 합니다.

논증은 크게 두 가지로 나뉩니다. 연역 논증과 귀납 논증이 그것이지요. 이 둘은 전제가 결론을 뒷받침하는 방법이 각각 다릅니다. 연역 논증이 필연적이라면 귀납 논증은 개연적입니다. 필연이라는 말은 반드시 또는 자동적으로 전제로부터 결론이 도출된다는 뜻입니다. 개연이라는 것은 수학적으로 보면 확률입니다. 전제로부터 결론을 도출해 내는 것이 그럴듯하기는 하지만 필연적이지는 않다는 말입니다.

이번 장에서는 연역 논증을 먼저 알아볼까요? 연역 논증이란, 전제(보편 명제) 속에 이미 결론(개별 명제)이 들어 있기 때문에 전제를 '참'으로 받아들인다면 결론은 '자동적으로 참'이 되는 논증입니다. 교과서에서 자주 보았던 삼단논법의 예문을 살펴볼까요? (삼단논법이란 대전제, 소전제, 결론이라는 세 개의 단으로 구성되어 있는 연역 논증을 말합니다.)

대전제: 모든 사람은 언젠가는 반드시 죽는다.

소전제: 소크라테스는 사람이다.

결론: 그러므로 소크라테스는 죽는다.

대표적인 삼단논법입니다. '모든 사람' 안에 소크라테스가 포함되어 있습니다. 여기서 '모든 사람'은 전체를 의미하므로 보편적이라고 부릅니다. 소크라테스는 그 전체의 일부를 뜻하므로 개별적이라고 부릅니다. 보편 속에 이미 개별이 포함되어 있습니다. 그러므로 전제 속에 이미 결론이 들어 있어서 전제를 참으로 받아들인다면 결론은 자동으로 참이 됩니다.

〈스크림〉은 바로 연역 논증으로 만들어진 개그입니다. 개그 처음에 등장했던 경고문이 전제가 됩니다. 그리고 "어패류 이름을 말하면 죽는다."를 참으로 받아들인 사람이 어패류의 개별적인 이름, 예를 들어 가자미나 꼬막을 말하면 자동으로 죽게 됩니다. 어패류 이름이라는 전체 집합 속에 가자미나 도미가 포함되어 있기 때문입니다. 논증 구조로 정리해 볼까요?

대전제: 모든 사람은 어패류 이름을 말하면 반드시 죽는다.

소전제: 김준호는 "가자미장원"이라고 했다. (가자미라는 어류 이름을 말했다.)

결론: 그러므로 김준호는 죽는다.

우리는 일상생활에서 '타당성'이란 말을 자주 사용하는데요.

타당성이란 바로 연역 논증의 특성을 말합니다. 전제로부터 결론이 필연적이고 자동적으로 도출되면 이를 '타당하다'고 말합니다. 따라서 〈스크림〉의 내용은 논리적으로 매우 타당합니다. 어패류 이름을 말하면 죽기 때문에, 가자미라는 말을 한 사람은 죽는다는 주장은 타당합니다.

그런데 좀 이상하죠? 〈스크림〉의 내용은 그냥 황당한 개그인데 타당하다고 말하다니요? 어패류 이름을 말한다고 죽는다는 게 말이 되나? 이렇게 자연스럽게 의문이 생깁니다. 이 점을 제대로 이해하지 못하면 연역 논증과 타당성이라는 개념을 공부하는 것이 어려워집니다. 연역 논증은 전제로부터 결론이 도출되는 과정을 말합니다. 다시 말하면 형식을 문제로 삼지 내용을 문제로 삼는 것은 아닙니다. 말이 어렵지요? 다른 사례를 들어봅시다.

대전제: 모든 여자는 고양이다.

소전제: 소녀시대는 여자이다.

결론: 그러므로 소녀시대는 고양이다.

'모든 여자' 안에 소녀시대가 포함되어 있습니다. 소녀시대는 유명한 여자 아이돌 그룹이죠. 소녀시대에 남자는 없습니다. 따라서 모든 여자에 관한 주장은 소녀시대에도 타당합니다. 하지만 여기서 문제가 되는 것은 내용입니다. "모든 여자가 고양이다."라는 대전제의 내용은 거짓입니다. 따라서 연역 논증의 특징은 우선 형식적이라는 점입니다. 다시 말해 내용의 참과 거짓을 따지지 않습니다. 만약 전제가 내용적으로 참이라면 결론도 반드시 참이 됩니다. 이럴 때 이 연역 논증은 건전하다고 말합니다.

다시 말해서, 타당성이란 형식이 올바르다는 뜻이고, 건전성이란 내용까지 참임을 의미합니다. 즉, 타당성이란 우선 전제와 결론이 맺는 관계와 형식이 제대로 되었는지 여부를 따지는 것입니다. 내용의 참, 거짓을 확인하기 전에 말이지요.

또 궁금한 점이 머리에 떠오릅니다. 전제와 결론의 참, 거짓을 왜 따지지 않지? 그 이유는, 실제 현실에서는 참, 거짓을 쉽게 판단할 수 없기 때문입니다. 예를 들어 우리가 토론을 할 때 상대방의 주장이나 그 주장을 뒷받침하는 근거가 사실인지 아닌지는 바로 확인하기 어려운 경우가 대부분입니다. 게다가 확인 자체가 불가능한 경우도 있습니다. 옳고 그름의 문제, 종교와 관련된 문제들이 그러한 대표적인 사례입니다. 토론이 길고 복잡할수록 그 내용의 참, 거짓은 더욱 판단하기 어렵습니다. 그래서 참, 거짓은 별도로 나중에 확인하고 전제와 결론이 맺는 형식이 제대로 되었는지 판단하는 것이 토론과 논쟁 등에서 더 효과적입니다. 그래서 연역 논증은 우선 그 형식부터 일관성이 있는지를 따져보는 것입니다. 논리가 일관성이 없다면 논리가 아니지요. 오락가락하는 말을 하면 누가 이를 신뢰할 수 있겠습니까?

타당성이란 말이 어려우면 이를 논리의 일관성이라고 이해하면 더 쉬울 것입니다. 예를 들어 이러한 토론 상황을 생각해 봅시다. "모든 아이돌 그룹은 음악성이 형편없습니다. 기획사에서 만든 각본대로만 움직이는 꼭두각시들에 불과하죠. 그러니 A라는 아이돌 그룹의 새 음반이 나왔다지만 그들의 음악은 들어볼 필요도 없어요." 이를 논증 구조로 간략하게 요약하면 다음과 같습니다.

(숨은 전제: 아이돌 그룹은 기획사에서 만든 각본대로 움직이는 꼭두각시에 불과하다.)

대전제: 모든 아이돌 그룹은 음악성이 형편없다.

소전제: A는 아이돌 그룹이다.

결론: A라는 아이돌 그룹은 음악성이 형편없다.

이 논증에서 어느 정도 그럴듯한 근거인 숨은 전제로부터 대전제가 나오긴 했지만, 대전제에 해당하는 내용은 논란의 여지가 많습니다. 대전제의 내용에 동의하는 사람도 있을 테고, 그렇지 못한 사람도 있을 것입니다. 하지만 대전제로부터 결론이 나온 과정은 매우 타당합니다. 논리적으로 일관성이 있기 때문입니다. 적어도 위의 주장을 말한 사람은 횡설수설하거나 두서없이 말하지는 않았습니다. "모든 아이돌 그룹은 음악성이 형편없다."는 대전제에 허점이 있는지는 나중에 사실적으로 확인해 볼 수 있지만, 지금 당장은 참, 거짓을 판단하기 어렵습니다. 어쨌든 위 사람은 한입으로 두말하지 않고 매우 논리적으로 말하고 있습니다.

'연역 논증이란, 전제와 결론이 맺고 있는 관계와 형식을 따진다는 사실!' 연역 논증을 공부할 때, 이 간단한 사실을 놓치면 논술 공부가 어려워지는 것은 물론이고 논리적으로 생각하는 것이 어떤 것인지 제대로 알기 어렵습니다. TV의 토론 프로그램에서 제대로 된 토론은커녕 말싸움에 그치는 경우가 많은 이유도 논증, 특히 연역 논증이 무엇인지 제대로 모르기 때문입니다.

연역 논증이 형식을 따진다는 간단한 사실을 더욱 완벽하게 이해하기 위해서 개그만큼 좋은 교재가 없습니다. 이제 거꾸로 생각해 보죠. 만약 참인지 거짓인지 따지지는 않고 형식적으로만 사용한다면 연역 논증은 개그의 좋은 도구가 됩니다. 황당한 내용을 전제로 했을 때 황당한 결론이 도출되겠지요. 바로 이것이 연역 논증으로 개그를 만드는 방법이자 연역 논증을 확실히 이해하는 가장 확실한 방법입니다.

〈스크림〉의 전제는 누가 봐도 거짓이죠? 사람이 어패류 이름을 말한다고 죽을 리는 없겠죠? 하지만 이러한 엉뚱한 상상을 일단 참이라고 받아들인다면 황당한 결론들이 자동으로 따라 나옵니다. 가자미라고 말해도 죽고, 참치라고 말해도 죽고, 빠가사리라고 말해도 죽습니다. 죽기 싫어도 전제를 참으로 받아들였기 때문에 죽을 수밖에 없습니다. 이렇게 황당하고 엉뚱한 전제를 일단 받아들이고 그 전제로부터 황당하고 엉뚱한 결론들이 '타당하게' 따라 나오는 상황은 연역 논증을 이해하는 데 도움을 줄 뿐만 아니라 큰 웃음을 줍니다. 전제를 안 받아들였다구요? 일단 개그를 보고 웃었다면 받아들인 것입니다.

연역 논증을 활용하는 개그 코너들은 매우 많습니다. 〈스크림〉처럼 노골적으로 전제를 제시하며 논증의 구조로 진행하는 개그 코너들이 있는가 하면, 겉으로는 논증의 구조를 가졌는지 확연히 구분이 안 되는 코너들도 많습니다. 이러한 코너들은 내용을 재구성해 봐야만 비로소 논증의 구조가 드러납니다. 다음 장에서는 이러한 경우를 살펴볼 것입니다.

그런데 또 한 가지 의문이 듭니다. 연역 논증을 웃음 코드로 이용하여 황당한 전제로부터 황당한 결론이 '자동적'으로 따라 나오는 개그 코너는 도대체 왜 웃긴 걸까요? 이 문제를 평생 고민한 철학자가 있습니다. 바로 프랑스의 철학자 앙리 베르그송입니다.

명쾌한 웃음 이론을 알고 싶다면? 베르그송!

베르그송은 그의 책 『웃음』에서 웃음이 도대체 무엇이고 우리가 웃는다는 현상은 도대체 무엇인지 분석하여 웃음에 관한 이론을 제시했습니다. 웃음을 연구한 학자들은 매우 많습니다만, 베르그송만큼 명쾌한 웃음 이론을 만든 학자들은 몇 명에 불과합니다.

『웃음』에 등장하는 웃음 이론들은 매우 난해하고 복잡하지만 결국 하나의 결론으로 모입니다. "생명이 생명처럼 보이지 않고 기계처럼 보일 때 웃음이 나온다." 베르그송이 주목한 '웃음의 원인'은 바로 '기계처럼 보이는 생명체'입니다. 베르그송이 생각하기에 생명이 기계와 구분되는 가장 큰 차이점은 '유연성'입니다. 반대로 기계가 생명과 구분되는 가장 큰 특징은 '경직성'입니다. 기계는 예외가 없습니다. 기계는 사람이 만든 의도대로만 움직이며 외부의 다른 자극이 없다면 예외 없이 작동합니다.

컴퓨터가 바로 그러한 예입니다. 컴퓨터는 프로그래밍된 대로만 계산하고 작동합니다. 만약 프로그래밍 과정에서 뭔가 잘못이 있다면 계산 결과도 잘못된 것이 나옵니다. 인공지능은 그렇지 않을 거라구요? 맞습니다. 인공지능이라면 잘못된 프로그래밍에 대해서 '유연하게' 대응할 것입니다. 마치 생명처럼 말이죠. 그러나 인공지능이 인공생명으로 발전할지는 아직 논란이 많은 주제입니다.

자, 다시 베르그송으로 돌아가 보죠. 베르그송은 생명이 마치 기계처럼 '딱딱하게' 생각하거나 행동한다면 그것이 웃음을 자아낸다고 생각합니다. 그리고 〈스크림〉처럼 연역 논증을 이용하는 개그 코너들이 베르그송의 사상과 연결됩니다. 베르그송이 생각한 기계의 특성, 즉 '경직성'이 바로 연역 논증의 특성이기 때문입니다.

〈스크림〉의 등장인물들은 전제의 참, 거짓에 상관없이 곧이곧대로 기계처럼 '타당하게' 생각하고 행동합니다. 어패류 이름을 말하면 죽는다고 했으니 어패류 이름을 말하면 죽는 것입니다. 우리가 〈스크림〉을 보고 웃었다면 베르그송의 웃음 이론이 적중한 것입니다. 우리는 〈스크림〉의 등장인물들이 (생명임에도 불구하고) 마치 기계처럼 느껴졌기 때문에 웃은 것입니다. 물론 베르그송은 『웃음』에서 '연역 논증'이니 '논리적 타당성'이니 하는 말은 하지 않았습니다. 그러나 그의 웃음 이론을 설명하는 가장 중요

영화 「스크림」에 나오는 유령 가면을 쓴 캐릭터들의 익살맞은 표정.

한 키워드인 '기계적인 경직성'이 바로 연역 논증의 '기계적인 타당성'과 유사한 개념이라는 점에서, 베르그송의 웃음 이론은 연역 논증과 깊은 관련성을 보여줍니다. 그리고 그것을 입증하는 대표적인 개그 코너가 다름 아닌 〈스크림〉입니다.

대기만성의 아이콘
김준호

동기 김대희와 함께 「개그콘서트」의 터줏대감으로 대접받는 김준호는 놀랍게도 SBS 공채 개그맨 출신이다. 1996년 SBS 5기 공채 개그맨으로 데뷔했다. 데뷔 초 최민수 성대모사 등으로 간간이 방송에 출연했지만, 크게 주목받지는 못했다. 몇 년 후 1999년 KBS 14기 개그맨으로 편입(?)했다. 타방송국 출신 개그맨이 KBS의 공채 개그맨이 되기란 하늘의 별따기만큼이나 어렵고, 게다가 공채 시험을 거치지 않고 편입한 것은 매우 이례적인 일이었다. KBS 개그맨이 된 김준호는 마침 신설된 「개그콘서트」를 통해 얼굴을 알리기 시작했다. 워낙 쟁쟁한 선배들이 넘쳐났던지라 김준호가 인기를 얻기란 쉽지 않았다. 하지만 충청도 출신 개그맨답게 느긋하고 꾸준하게 「개그콘서트」를 지키며 실력을 쌓아갔다. 〈집으로〉, 〈씁쓸한 인생〉, 〈같기도〉, 〈꺾기도〉, 〈비상대책위원회〉, 〈버티고〉, 〈뿜 엔터테인먼트〉를 통해 김준호가 아니면 할 수 없는 캐릭터를 만들어냈다. 김준호는 동료 개그맨들도 인정하는 연기파 개그맨이다. 재미없는 코너라도 김준호가 연기하면 달라졌다. 어느덧 김준호는 「개그콘서트」에 없어서는 안 될 연기파 캐릭터로 자리잡았고, 특유의 비굴하고 불쌍한 연기는 타의 추종을 불허한다. 탁월한 연기력 덕분인지 드라마에도 간간히 출연했다. 개그맨으로서는 은퇴할 나이인 40을 바라보는 나이에 그의 인기는 오히려 치솟고 있다.

3마당 바보짓에 숨은 논리
연역 논증의 웃음 코드 2

숨어 있는 논리는 날카로운 비수와 같다

"오늘 내 눈에 전화 받는 놈 걸리면 다 죽는다."

――〈죽지 않아〉, 「코미디빅리그」(2013)

지난 장에서는 논증의 구조를 뚜렷하게 보여주고 있는 〈스크림〉을
통해서 연역 논증을 공부했습니다. 이번에는 논증의 구조가 겉으
로 드러나지 않고 숨어 있는 개그를 통해서 연역 논증을 공부해
보겠습니다. 이러한 코너들로 공부하기 위해서는 숨어 있는 논증
의 구조를 재구성해야 합니다. 그동안 「개그콘서트」의 코너들만
보았으니 이번에는 다른 개그 프로그램의 개그 코너들로 공부해

볼까요?

「개그콘서트」가 KBS라는 방송국의 공채 개그맨들이 출연하는 프로그램인 반면 「코미디빅리그」는 다양한 방송국 출신 개그맨들이 출연하는 프로그램입니다. 「코미디빅리그」의 인기 코너 중에 〈죽지 않아〉가 있었습니다. SBS 출신 개그맨들인 김재우, 윤진영, 김필수 씨가 주요 멤버인 '따지남'이라는 팀이 출연하는 코너였습니다. 〈죽지 않아〉도 연역 논증을 이용하는 개그 코너입니다. 다만 〈스크림〉과는 달리 논증의 구조가 겉으로 드러나 있지 않을 뿐입니다. 〈죽지 않아〉의 내용을 살펴볼까요?

남1: (여자를 향해 큰 소리로) 야, 내가 그 자식보다 못난 게 뭐야, 도대체 나랑 헤어지려는 이유가 뭐야?

여: 난, 당신 같은 성격 완전 싫어, 그 오빠 당신하고 완전 반대거든? 당신은 내가 전화하면 항상 핸드폰 꺼져 있었지?

남1: 남자가 바쁘면 못 받을 수도 있는 거 아냐?

여: 그 오빠는 내가 전화하면 항상 받거든!!

남1: 그 이유 때문이야? (험악한 말투로 주변 사람들을 향해) 오늘 아무튼 내 눈에 전화 받는 놈 걸리면 다 죽여버린다!!

남2의 핸드폰이 울리기 시작한다. 남2는 남1의 눈치를 보며 감히 전화를 받지 못한다. 전화가 계속 울리자 남2는 울먹이며 핸드폰을 생맥주잔에 빠트린다.

남2: (맥주를 마시며) 아~ 맥주 맛이 굉장히 갤럭시하다.

대본으로만 표현하려니 웃음 코드를 표현하기가 쉽지 않군요. 〈죽지 않아〉는 언뜻 보면 논증의 구조와는 별로 관계가 없어 보입니다. 〈스크림〉처럼 경고문을 통해서 전제를 제시하지도 않습니다. 하지만 위 대본을 자세히 보면 전제가 제시되고 있다는 것을 알 수 있습니다. 바로 "전화 받는 사람은 누구나 죽는다."입니다. 다시 말해서 험상궂은 남자가 "오늘 아무튼 내 눈에 전화 받는 놈 걸리면 다 죽여버린다!!"라고 말한 것이 전제의 역할을 대신합니다. 이 전제는 일종의 협박성 멘트이지요. 그리고 개그 코너 속 모든 인물들은 공포 분위기 속에서 그 말을 대전제로 받아들이게 됩니다. 괜히 전화 받다가 험상궂은 남자에게 두들겨 맞을 수도 있기 때문입니다. 남자1의 분노에 찬 언급을 전제로 받아들인 상황에서, 얄궂게도 남자2의 전화벨이 울리기 시작합니다. 남자2는 죽지 않기 위해서(죽고 싶지 않아서) 차마 전화를 받지 못합니다. 계속 전화벨이 울리자 소중한 핸드폰을 자포자기의 심정으로 맥주잔에 빠뜨립니다.

자, 여기까지의 내용을 연역 논증으로 재구성할 수 있습니다. 남자2의 입장에서 논증으로 재구성해 보겠습니다.

대전제1: 전화 받는 모든 사람은 저 사람에게 죽는다.(동치 명제: 저 사람에게 죽지 않으려는 사람은 전화를 받아서는 안 된다.)

소전제2: 나는 죽기 싫다.(동치 명제: 나는 저 사람에게 죽기 싫은 사람이다.)

결론: 나는 전화를 받지 말아야 한다.

(이러한 논증적 판단에 근거해서 특단의 행동을 취하게 된다.)

특단의 행동: (걸려온 전화를 받지 않기 위해) 나는 맥주잔에 전화기를 빠뜨린다.

이러한 논증은 대표적인 연역 논증의 삼단논법입니다. 삼단논법은 앞에서 언급한 것처럼 대전제와 소전제 그리고 결론으로 이루어진 논증법이지요. 여기서 동치(같은 값)라는 말은 어떤 명제 A가 참이면 그것을 변형한 명제 B도 참이라는 뜻입니다. 예를 들어 "사람은 동물이다."의 동치 명제는 "동물이 아닌 존재자는 사람이 아니다."입니다. 이를 일반화하면 "a이면 b이다."의 동치 명제는 "−b이면 −a이다."입니다.

이런 이유로 "전화 받는 모든 사람은 저 사람에게 죽는다."와 "저 사람에게 죽지 않으려는 사람은 전화를 받아서는 안 된다."가 동치에 해당합니다. 이 말이 삼단논법의 대전제가 됩니다.

그러면 "나는 죽기 싫다."는 소전제와 더불어 필연적으로 "나는 전화를 받지 말아야 한다."는 결론이 따라 나오지요. 남자2는 이러한 논증을 바탕으로 죽지 않기 위해 특단의 행동을 취하게 되지요. 눈물을 머금고 아까운 비싼 핸드폰을 맥주잔에 떨어뜨리게 됩니다.

이처럼 연역 논증은 전제를 받아들인 이상, 그 전제에 포함된 결론이 자동적으로 따라 나옵니다. 이것이 타당한 연역 논증이 지닌 필연성의 웃음 코드입니다. 물론 위와 같이 논증으로 재구성을 해보기 전에는 이 개그가 연역 논증과 관련이 있는지는 알기 어렵습니다. 이러한 의미에서 개그의 내용을 잘 분석해서 논증으로 재구성을 해본다면 논증과 논리 공부에 큰 도움을 줄 것입니다.

개그로도 현실 풍자가 가능하다

신문 사설이나 칼럼 등으로 논증을 재구성해 보는 것은 이미 알려진 논술 공부 방법입니다. 개그로 논증을 재구성해 본다는 것은 좀 생소하죠? 하지만 필자의 생각으로는 신문 사설, 칼럼보다는 개그로 논증 재구성 공부를 하는 편이 훨씬 효과적입니다.

신문 사설을 쓰는 우리나라 신문사의 논설위원들 상당수가 자신의 이념적인 주장을 빈약한 근거로 주장한다는 행태는 널리 알려진 사실입니다. 어떤 한 연구소에서 신문 사설을 논술적으로 채점해 보았더니 대다수의 주요 언론의 사설이 낙제점에 가까운 대단히 낮은 점수를 받았습니다. TV의 토론 프로그램에서도 이른바 지식인이라 불리는 토론자들이 자주 출연하지만, 객관적인 자료와 날카로운 논리 대결보다는 감정 섞인 말싸움과 난장판으로 번지는 경우를 자주 보았을 겁니다.

이에 반해 개그는 자신의 이념을 전파하고 설교하는 목적이 아니라 '남을 웃긴다.'는 분명한 목적으로 만들어지기 때문에 이념 논쟁에서 자유롭고 토론이나 사설보다 더 날카롭게 현실을 풍자할 수 있습니다. 그래서 논증의 구조가 잘 드러나 있기도 하거니와, 재구성을 통해서 논증의 구조를 확인해 보기 수월합니다. 개그를 만드는 작가, 연출가, 개그맨 들이 의식적으로 논리적인 사고력을 바탕으로 개그를 만들지는 않습니다. 그러나 '남을 웃긴다.'는 목적의식으로 인해 자신도 모르게 자연스럽게 보편적인

현실을 풍자하는 따지남 팀의 〈죽지 않아〉 개그.

형식 논리의 특징을 개그에 활용하고 있습니다. 물론 모든 개그
가 논증 훈련과 관련이 있지는 않다는 사실도 잘 알아두시기 바
랍니다.

　말씀드렸다시피, 단지 개그의 웃음 코드가 연역 논증과 관련이
있기 때문에 우리가 개그를 보고 웃는 것은 아닙니다. 지난 장에
서는 앙리 베르그송의 웃음 사상에 기초해서 연역 논증적 개그의
웃음 코드를 설명했습니다. 다시 말하자면 베르그송은 인간의 모
습에서 기계적인 모습이 나타날 때 웃음이 나온다고 생각했으며,

바로 그 기계적인 모습이 연역 논증의 특징인 '기계적인 논리(타당성)'입니다. 방금 소개한 〈죽지 않아〉에서도 베르그송의 주장이 적용됩니다.

〈죽지 않아〉의 남자2 캐릭터는 공포심에 굴복해서 대전제를 받아들이는 대신 "당신이 뭔데 전화 받는 사람은 다 죽는다는 등 헛소리를 하는 거야?"라며 남자1에게 대항할 수도 있었습니다. 남자1이 워낙 살기등등해서 도저히 대들 수 없다면 그 자리를 떠버리면 그만입니다. 이와 같이 남자1의 협박성 멘트를 받아들이지 않을 방법은 얼마든지 있습니다. 기계가 아니고 인간이기 때문에 유연하게 생각할 수 있는 것입니다.

하지만 남자2는 인간임에도 불구하고 대전제를 그냥 받아들입니다. 마치 권력과 폭력에 무력하게 예속된 기계와 같은 삶을 살고 있지요. 현대인의 수동적 태도는 TV와 매스미디어의 주장을 기계적으로 곧이곧대로 받아들이는 경향에서도 알 수 있습니다. 물건을 사는 것은 소비자의 주체적인 선택처럼 보이지만 명품을 추종하고 짝퉁을 사는 것은 실제로는 이미 기존의 가치관에 물들어버린 수동적인 행동에 불과합니다. '인간의 모습에서 기계의 특징을 발견하면 웃게 된다.'는 베르그송의 주장은 이렇게 현대인이 협박성 광고에 물들어버려 수동적인 모습을 보여주는 것을 풍자한 〈죽지 않아〉에서도 자연스럽게 연결됩니다. 인간이 기계처럼 보이면 왜 웃길까요? 웃음에는 날카로운 비수가 꽂혀 있기 때문입니다. 기계가 되어버려 주체성을 상실한 인간을 풍자하는 것이지요.

많은 개그가 이렇게 논리적 사고력이나 논증과 관련이 있다면 개그를 만드는 제작진들은 모두 논리적 사고력 훈련을 체계적으로 받은 사람들일까요? 그렇지는 않습니다. 아까도 말씀드렸듯이 개그를 만드는 데 참여하는 대부분의 사람들은 형식 논리를 의식하지는 않습니다. 개그가 논리적 사고력과 관련이 있다는 생각은 개그를 바라보는 수많은 관점 중의 하나에 불과합니다. 개그의 웃음 코드는 얼마든지 여러 가지 관점으로 해석될 수 있습니다. 베르그송조차도 자신의 '웃음론'을 연역 논증과 연결 짓지는 않았습니다. 웃음을 연구한 대부분의 사상가들도 마찬가지입니다. 나중에 살펴보겠지만 웃음이라는 현상을 논리적 사고력의 관점으로 접근한 사상가는 독일의 철학자 쇼펜하우어와 독일의 정신분석학자 프로이트 정도입니다.

연역 논증의 웃음 코드: 바보짓

그렇다면 우리가 연역 논증의 관점으로 바라본 개그 코너를, 실제 개그를 만드는 사람들은 어떤 관점으로 바라볼까요? 적절한 표현이 될지 모르겠지만, '바보짓'이라는 웃음 코드입니다. 〈스크림〉에서 어패류 이름을 말했다고 죽는다는 상황, 〈죽지 않아〉에서 전화 받으면 죽는다는 상황 등은 정상적인 사고방식이 아니라 바보 같은 짓입니다.

상황이 더 바보 같을수록 더 큰 웃음이 나옵니다. 바보짓은 여러 가지 형태로 등장합니다. 〈스크림〉, 〈죽지 않아〉처럼 '상황'이 바보스러울 때도 있고, 여러 사람이 한 사람을 바보로 만드는 짓, 일종의 '왕따'도 자주 이용되는 '바보짓 웃음 코드'입니다. SBS 개그 프로그램인 「웃찾사」의 인기 코너인 〈아후쿵텡풍텡테〉가 바로 한 사람을 바보 만드는 '왕따형 바보짓 웃음 코드'를 사용하고 있습니다. '아후쿵텡풍텡테'라는 말은 사실 아무 뜻도 없을뿐더러, 특정한 계층의 사람들 사이에 사용되는 은어도 아닙니다. 그런데 이 개그 코너에서는 마치 이 말이 실제로 사람들 사이에서 사용되는 '욕설'인 것처럼 등장합니다.

야구장. 어처구니없는 코스에 들어온 볼을 심판이 스트라이크로 선언한다.

타자: 아니, 이게 무슨 스트라이크예요?

심판: 스트라이크 맞아!! 조용히 해!!

타자: 아, 나 원 참⋯⋯ 구시렁구시렁⋯⋯ (혼잣말로 투덜거린다.)

심판: 아니, 자네 지금 나한테 뭐라고 했어? 아후쿵텡풍텡테?

타자: (어이없는) 무슨 소리예요?

심판: 아니, 자네. 아무리 인기스타라지만 어떻게 아버지뻘 되는 나한테 아후쿵텡풍텡테라는 심한 말을 할 수 있지?

타자: 아니 무슨 헛소리예요?

타자 팀의 감독이 나와서 심판에게 따진다.

감독: 아니 심판, 지금 우리 선수에게 너무하는 거 아닙니까?

심판: 지금 이 선수가 나에게 아후쿵텡풍텡테라고 했어요. 이렇게 심한 말을 선수가 할 수 있는 겁니까?

감독: (타자를 바라보며 어처구니없다는 듯) 자네 지금 제정신이야? 아후쿵텡풍텡테라니? 아후쿵텡풍텡테라니? 그게 사람 입에 차마 담을 소리야?

타자: 도대체 아후쿵텡풍텡테가 뭔데요?

타자는 이 말이 아무 의미 없는 헛소리라고 생각하지만, 그 사람을 제외하고는 모두들 '아후쿵텡풍텡테'가 특정한 의미를 갖는 말이라고 생각합니다. 결국 타자는 바보가 됩니다. 여러 사람이 한 사람을 왕따 시키듯 바보를 만드는 웃음 코드입니다. 〈아후쿵텡풍텡테〉는 말장난 웃음 코드라고 볼 수도 있는데, 이에 대해서는 다른 장에서 더 공부해 보기로 하겠습니다.

이렇듯, 연역 논증으로 바라볼 수 있는 웃음 코드는, 실제 개그를 만드는 사람들의 관점에서는 '바보짓'이라는 웃음 코드로 사용되고 있습니다. 하지만 관점이 다를 뿐 근본적인 의미는 매우 유사합니다. 연역 논증이 웃음이 되려면 '말도 안 되는 주장'을 대전제로 받아들여야 합니다. 이러한 순진한 태도가 바로 바보짓이기 때문입니다. 바보짓에 형식 논리가 숨어 있었던 것입니다. 대전제가 더 바보 같을수록 연역 논증을 이용하는 개그 코너의 웃음 강도는 더욱 커지게 마련입니다. 게다가 바보짓 또는 한 사람을 바보로 만드는 상황이라는 것은 곧 '잘못된 전제'를 공유하고 있다는 의미이기도 합니다. 이는 다수의 사람이 이미 스스로 바보라는 것을 역설적으로 보여주는 것입니다.

황당한 주장이 통하는 바보들의 사회는 이미 기계가 되어버린 현대 사회에 대한 풍자이지요. 베르그송의 웃음 이론도 그 의미가 다르지 않습니다. 생명이 마치 기계처럼 생각하고 행동했고 그 모습이 웃음을 유발한다면 이것이 바로 현대 사회에 대한 베르그송의 통렬한 비판이지요. 바보가 된 다수가 바보 아닌 한 사람을 바보로 만드는 사회의 비극이 웃음의 코드이지요. (바보짓이 왜 웃음을 주는지 궁금하신 분들은 쇼펜하우어의 『의지와 표상으로서의 세계』나 이 책의 3부 1장을 참조하세요.) 개그맨들과 철학자들의 웃음에 대한 이해가 달라도 몇몇 개그 코너에 담긴 웃음이란 숨은 형식 논리를 통해 사회적 풍자라는 날카로운 비수임이 드러났습니다.

슈퍼스타들의 총집합
「코미디빅리그」

케이블 채널인 tvN의 「코미디빅리그」는 매우 독특한 포맷의 개그 프로그램이다. KBS 「개그콘서트」의 독주가 계속되면서 MBC와 SBS의 개그 프로그램들이 폐지되는 상황에서 「코미디빅리그」는 일자리를 잃은 양 방송국 개그맨들에게 한줄기 빛과 같은 프로그램이었다. 현재 공중파 방송국은 개그맨들을 공채 직원으로 선발하고 있다. 엔터테인먼트 산업이 체계적으로 발달하지 못했던 과거에는 가수, 탤런트 등의 연예인들이 특정 방송국의 전속 직원으로 활동했다지만, 1990년대를 거치면서 연예인들의 방송국 전속 제도는 서서히 폐지되었다. 그런데 유독 개그맨(코미디언)은 아직도 공중파 방송국 공채로 선발하고 활동한다. 「코미디빅리그」는 케이블 채널의 이점을 살려 각 공중파 출신의 스타급 개그맨들을 끌어모아 「개그콘서트」와는 전혀 다른 포맷으로 웃음을 주고 있다. 요즘 예능 프로그램의 트렌드를 개그 프로그램에도 적용하여 승패를 가르는 리그제를 도입한 것은 큰 의미가 있다. 초기에는 기존의 스타급 개그맨들의 인기에 안주한다는 비판도 있었지만 코빅을 통해 발굴된 신인 개그맨들이 자회사 예능 프로그램에도 출연하는 등 신인들의 등용문 역할도 겸하고 있다. 신인은 아니지만 과거에 지명도가 약했던 개그맨들도 코빅을 통해 새로운 능력을 인정받아 대세로 떠오르는 경우도 많다. 김보성 패러디로 큰 인기를 얻은 개그우먼 이국주가 대표적인 케이스다. 「개그콘서트」의 전성기를 이끌었던 김석현 PD가 총지휘를 맡고 있다.

4마당 반전은 힘이 세다
귀납 논증의 웃음 코드 1

개연성의 힘, 반전의 힘

"육렁이의 형은 칠렁이고, 칠렁이의 형은 팔렁이고, 팔렁이의 형
은 구렁이야. 그럼 구렁이의 형은?" "십렁이?" "틀렸어." "그럼 뭔
데?" "구렁삼!"   ──〈구전되어 내려오는 난센스 개그〉

논증에는 두 종류가 있습니다. 지난 장까지 공부했던 연역 논
증과 이제부터 살펴볼 귀납 논증입니다. 연역 논증과 귀납 논증
의 차이점은 전제가 결론을 뒷받침하거나 전제와 결론이 관계 맺
는 방법입니다. 연역 논증에서는 전제 속에 이미 들어 있던 내용
을 결론으로 주장하는 방식으로 전제가 결론을 필연적으로 뒷받

침합니다.

이를 학문적인 용어로 정리하면, 연역 논증에서는 '전제가 결론의 타당성을 뒷받침한다.'고 말합니다. 귀납 논증에서 전제가 결론을 뒷받침하는 방법은 전혀 다릅니다. 반복적이고 수많은 전제들이 결론의 '개연성'(확률)을 뒷받침합니다. 다음과 같은 귀납 논증의 예문을 볼까요?

100일 전 아침에 해가 떴다.

99일 전 아침에 해가 떴다.

98일 전 아침에 해가 떴다.

……

어제 아침에 해가 떴다.

오늘 아침에 해가 떴다.

이러한 전제들로부터 어떤 결론이 나올까요? 그렇습니다. 바로 '내일 아침에도 해가 뜰 것이다.'라는 결론이 예상됩니다. 반복적인 전제들이 내일 해가 뜰 것 같다는 그럴듯함을 뒷받침하고 있습니다. 이때 그럴듯함이란 일종의 확률적인 기대입니다. 이를 학문적인 용어로 '개연성'이라고 합니다. 귀납 논증에서는 "전제가 결론의 개연성을 뒷받침한다."고 말할 수 있습니다.

그런데 개연성이라는 개념에서 짚고 넘어가야 할 중요한 의미가 있습니다. 바로, 개연성은 형식 논리적인 필연성과는 다르다는 것입니다. 말 그대로 전제로부터 결론이 도출될 가능성이 어느 정도 있다는 것이지, 연역 논증처럼 전제로부터 결론이 반드시 귀결되는 것은 아닙니다. 따라서 추상적인 논리적인 공간에서 성립하는 연역적인 형식 논증과는 다르게 귀납 논증은 구체적인 현실과 연관을 맺게 됩니다.

앞의 귀납 논증 예문에서 이렇게 생각해 볼 수 있습니다. 만약 태양이 폭발한다면 어떤 일이 벌어질까요? 당연히 해가 뜨지 않을 것입니다. 이렇듯 '내일 해가 뜰 것이다.'라는 결론은 어디까지나 우연의 개입을 피할 수 없습니다.

귀납 논증은 비록 연역 논증처럼 수학과 같은 추상적인 타당성을 주지는 않지만, 인류 역사 발전의 큰 흐름을 주도해 온 중요한 '사고방식'입니다. 귀납 논증이 바로 과학의 구체적인 사고방식이기 때문입니다. 과학 하면 떠오르는 것이 바로 실험과 관찰입니다. "내일 해가 뜰 것이다."라는 단순한 결론도 사실은 인류가 오랜 세월 아침에 해가 뜨는 자연 현상을 관찰하고 경험한 결과입니다. 수많은 경험과 관찰을 통해서 특정한 결론을 예측한다는 귀납적 사고방식은 프랜시스 베이컨에 의해 정립되고 존 스튜어트 밀에 의해 체계화되어 인류에게 혁명적인 변화의 원동력이 되었습니다. 연역 논증은 이미 아는 지식을 명료화하는 것에 불과한 반면에 귀납 논증은 새로운 사실을 발견하는 논리이기 때문입니다.

귀납적 사고방식은 이렇듯 발견의 논리로서 과학의 발전을 낳았고 과학의 발전은 오늘날 인류가 당연한 것으로 누리고 있는 현대 문명의 기초가 되었습니다. 귀납적 사고방식을 주도한 나라는 경험주의의 나라인 영국입니다. 경험론을 대표하는 프랜시스 베이컨과 공리주의를 대표하는 존 스튜어트 밀이 모두 영국 사람입니다.

귀납 논증과 연역 논증은 서로 다른 논증이기도 하지만 서로 보완하는 관계에 있기도 합니다. 연역 논증을 공부할 때 등장했던 예문을 다시 볼까요?

대전제: 모든 사람은 죽는다.

소전제: 소크라테스는 사람이다.

결론: 그러므로 소크라테스는 죽는다.

우리는 대전제를 무슨 근거로 참이라고 받아들인 것일까요?

근거가 필요 없을 정도로 스스로 명확한 것인가요? 아닙니다. 연역 논증에서 대전제는 어디까지나 전제일 뿐 입증된 것이 아니라는 문제점을 가지고 있어요. 여기서 대전제는 바로 귀납 논증에 의해서 도출된 결론입니다. 이는 갑자기 하늘에서 뚝 떨어진 것도 아니고 자명한 진리도 아닙니다. 우리가 세대를 거치면서 경험하고 관찰한 결과, 인간이라면 늙어서 죽건 병으로 죽건 사고로 죽건 모두가 결국 죽었다는 사실을 바탕으로 해서 '모든 사람은 죽는다.'는 대전제를 받아들인 것입니다.

만약 누군가 불사의 약이나 종교적 부활에 의해 영원히 산다면 이 대전제는 틀린 것으로 반증될 것입니다. 따라서 순수한 연역 논증으로 생각되는 위의 예문도 귀납 논증과 연역 논증이 함께 섞여 있는 '복합 논증'입니다.

자, 다시 귀납 논증으로 돌아와 볼까요? 귀납 논증도 연역 논증만큼이나 개그를 만들 때 자주 사용되는 웃음 코드입니다. 아까 귀납 논증의 특징인 '개연성'을 말한 바 있습니다. 개연성이란 필연성은 아니지만 대단히 일어날 가능성이 있다는 뜻입니다. 어떤 사건의 확률이 0이 되면 그 사건은 반드시 일어나지 않고 그 확률이 1이 되면 꼭 일어납니다.

그러나 개연성이란 확률이 0보다는 크고 1보다는 작은 경우에 해당합니다. 그래서 0에 가까울수록 개연성은 낮아지고 1에 가까울수록 높아집니다. 따라서 귀납 논증에서는 반복되는 전제들이 특정한 결론을 뒷받침한다고 하더라도 그 결론이 반드시 참이라고 할 수는 없습니다. 개연성이 높으면 참일 것 같다는 기대감도 높아집니다. 따라서 한껏 기대감을 높인 후에 갑자기 그 결론이 아닌 다른 결론을 제시하여 웃음을 터뜨릴 수 있습니다. 물론 이렇다고 해서 적어도 논리적으로 잘못은 아닙니다. 많이 들어봤음 직한 다음의 유머를 살펴볼까요?

"육렁이의 형은 칠렁이고, 칠렁이의 형은 팔렁이고, 팔렁이의 형은 구렁이야. 그럼 구렁이의 형은?" "십렁이?" "틀렸어." "그럼 뭔데?" "구렁삼!"

누가 만들었는지는 모르겠지만, 오래전부터 전해 내려오는 난센스 개그입니다. 요즘 들으면 좀 썰렁하죠? 하지만 귀납 논증의 특징을 설명하기에는 이만한 개그가 없습니다. 이 개그에는 말장난도 등장합니다. 우리가 '육칠팔구'라는 숫자에 집중하는 동안 '구렁이'의 '이'도 주목하여 기대와 다른 결론을 제시한 것입니다. 구렁이의 '이'를 숫자 2로 파악하여 그다음에는 구렁삼이 되는 것이지요. 일종의 말장난입니다. 그러나 이 말장난이 반전의 웃음 코드가 됩니다.

말장난 웃음 코드에 대해서는 나중에 더 설명하기로 하고, 이 개그가 귀납 논증과 어떤 관련이 있는지 살펴보겠습니다. 우선 이 개그를 귀납 논증으로 재구성해 볼까요?

전제1 : 육렁이의 형은 칠렁이다.

전제2 : 칠렁이의 형은 팔렁이다.

전제3 : 팔렁이의 형은 구렁이다.

결론: 구렁이의 형은 십렁이다.

3개의 전제들로부터 구렁이의 형은 십렁이라는 결론이 자연스럽게 예상됩니다. 하지만 우리는 뒤통수를 맞았습니다. 십렁이가 아니라 구렁삼이랍니다. 하지만 이를 말도 안 된다고 비난할 순 없습니다. 애초에 구렁이의 형이 십렁이라는 결론은 '개연성'에 불과했기 때문입니다. 왠지 십렁이일 것 같다는 기대에 불과한 것이지요. 반드시 십렁이여야 한다는 논리적인 근거는 어디서도 찾을 수 없습니다. 귀납 논증의 개연성을 활용한 말장난에 의해서 얼마든지 반전이 가능합니다.

꺾기, 개그계 최고의 웃음 필살기

지금 살펴본 것처럼 개그(또는 유머)에서 귀납 논증이 사용되는 방식은 사실상 귀납 논증의 약점을 이용한 것입니다. 연역 논증이 개그에 사용될 때는 기계적 필연성에 의한 우직함을 보여줍니다. 일종의 바보짓이죠. 그런데 귀납 논증을 개그에 사용하는 태도는 다소 예상 밖의 반전을 엮어내는 영악함입니다. 귀납 논증이 보증하는 것은 어디까지나 결론의 개연성인데 우리는 그 개연성을 타당성으로 오해하는 경우가 많으며 그럴 경우 큰 낭패를 볼 수 있습니다.

귀납 논증으로 만들어진 개그는 바로 그 낭패에 주목하는 것입니다. 그리고 결론의 개연성이 매우 그럴듯해 보일수록 어긋난 결론이 주는 웃음은 더욱 커집니다. 위 개그에서 "구렁이의 형이 십렁이일 것이다."라는 결론의 개연성은 매우 신뢰도가 높았습니다. 육렁이부터 구렁이까지 육칠팔구라는 순서로 진행이 되었기 때문에 구렁이 형이 십렁이일 것이라는 결론은 매우 상식적입니다. 그만큼 구렁이의 형이 구렁삼이라는 반전(꺾기)은 더욱 큰 웃음을 자아냅니다.

실제 개그맨들은 위 개그의 웃음 코드를 귀납 논증이라고 부르지는 않습니다. 마치 연역 논증의 웃음 코드를 '바보짓'이라 부른 것과 마찬가지입니다. 개그계에서는 귀납 논증의 웃음 코드를 '꺾기'(반전)라고 부릅니다. 개그맨 김준호 씨가 출연하여 많은 인기를 얻었던 「개그콘서트」〈꺾기도〉라는 코너를 떠올리면 '꺾기'라는 웃음 코드가 어떤 것인지 짐작이 갈 것입니다.

'꺾기'는 개그계에서 상당히 넓은 의미로 사용되긴 하지만 핵심적인 개념은 '예상과 다른 결과', '엉뚱한 결과', '기대가 어긋나는 것' 등입니다. 귀납 논증이 개그에 사용되는 방식도 그 의미를 추적해 들어가면 바로 '꺾기'와 만납니다. 웃음 코드로 이용되는 귀납 논증은 곧, '기대를 뒤집는 반전', '상식적인 개연성이 거부되는 상황' 등이기 때문입니다.

김준호 씨는 스스로도 방송을 통해서 자신을 '꺾기 개그'의 달인이라고 인정할 만큼 이러한 개그 스타일이 자신과 잘 맞는다고 생각하며 만족하고 있습니다. 〈꺾기도〉의 주요 멤버가 〈꺾기도〉 전에 출연했던 〈같기도〉라는 코너도 〈꺾기도〉와 시리즈라고 봐도 무방할 만큼 비슷한 웃음 코드를 보여줍니다. 김준호 씨 외에도 수많은 개그맨들이 '꺾기' 기술을 즐겨 사용할 만큼 개그계에서는 최고로 사랑받는 웃음 코드입니다.

개그맨뿐만이 아닙니다. 오랜 세월 동안 웃음의 비밀을 연구한 철학자들도 '웃음의 불일치 이론'을 통해서 '꺾기'가 매우 중요한 웃음의 원천이라는 사실을 인정했습니다. 『순수이성비판』으로 유명한 독일의 철학자 이마누엘 칸트가 바로 '웃음의 불일치 이론'을 주장한 대표적인 철학자입니다. 칸트 철학을 비판적으로 계승한, 독일의 철학자 쇼펜하우어도 그의 저서 『의지와 표상으로의 세계』(1권 13장과 2권 8장)를 통해서 '불일치 이론'을 더욱 집대성하였습니다.

철학자들의 웃음 이론들은 비록 쉽게 읽을 만한 저작들은 아니지만, 그렇다고 현실 생활의 웃음과 동떨어진 '뜬구름 잡는 이야기'는 결코 아니었습니다. 인류가 낳은 최고의 코미디언이라고 평가받는 찰리 채플린은 그의 자서전을 통해서 "평생 쇼펜하우어의 웃음 이론을 공부했다."고 말했습니다. 그는 쇼펜하우어 필생의 저작인 『의지와 표상으로서의 세계』를 40년 넘게 읽어보려 애를 썼지만 끝까지 다 읽지 못했다고 아쉬워했습니다. 그러나 수많은 비평가들은 채플린의 주옥같은 영화들 속에서 쇼펜하우어의 웃음 이론이 번뜩인다는 점을 지적하고 있습니다. 「소방수」라는 영화에서 소방차의 물탱크 밸브를 틀자 물이 아닌 '커피'가 쏟아진 장면이 대표적인 예입니다. 이 외에도 「개의 생활」, 「독재자」 등 무수한 채플린 영화들에는 쇼펜하우어를 의식한 웃음보

우울한 쇼펜하우어를 좋아한 코믹한 찰리 채플린.

따리가 가득합니다. 비록 채플린 본인은 『의지와 표상으로서의 세계』를 다 읽지 못했다고 말했지만 그 책을 붙잡고 씨름한 40년 세월에 의해 쇼펜하우어의 웃음의 지혜가 채플린의 인생에 녹아 든 것입니다.

개그계에 만연한
일본어 잔재

개그맨들이 사용하는 개그 용어 중에는 일본어의 찌꺼기가 매우 많다. 예를 들어, 어떤 개그 코너에서 웃기는 부분 또는 웃기는 역할을 '오도시'라고 하며, 웃기기 전에 분위기를 잡아주는 부분 또는 역할을 '니주'라고 한다. '시바이'와 '니마이'라는 말도 빼놓을 수 없다. 시바이란 원래 연극의 '대사', '내용'을 뜻하는 일본어지만, 우리나라에서 쓰이는 시바이는 원래 일본어의 뜻 말고도 여러 가지 의미가 더해져서 일본인도 못 알아듣는 희한한 말이 된다. 우리나라 개그맨들이 쓰는 시바이라는 말은 대사, 내용뿐만 아니라, 전체적인 웃음 코드, 특정한 캐릭터, 더 나아가 특정한 개그의 전반적인 분위기까지 포함할 정도로 완전히 새로운 용어가 되었다. 예를 들어 "개그맨 유민상 씨는 '돼지 시바이'에 혁명을 가져왔다."라고 말할 때의 '돼지 시바이'는 돼지 역할, 돼지 캐릭터 등으로 풀이될 수 있지만 정작 일본 사람들은 이런 식으로 시바이라는 단어를 쓰지는 않는다. 이러한 현상은 언어학적으로 연구해 볼 가치도 있지만, 그보다 중요한 문제는 일본어의 잔재라는 것을 의식하면서도 많은 개그맨들이 어쩔 수 없이 의사소통의 편리함을 이유로 일상적으로 사용하고 있다는 것이다. 개그계의 일본어 잔재는 개그계뿐만 아니라 방송계, 공연계와 공유하고 있는 문제다. 시바이, 니마이 등은 연예계 전반에서 사용되고 있는 실정이다. 일제강점기를 통해서 자리 잡은 새로운 분야라면 예외 없이 일본어 잔재 문제가 발생하고 있다. 이에 대한 각 분야 종사자들의 각성과 대책이 촉구된다.

5마당 성급한 일반화는 위험하다
귀납 논증의 웃음 코드 2

위험하고도 위험한, 성급한 일반화

이름은 노출! 사는 곳은 뭐든 열어젖히는 개봉! 고향은 고추로
유명한 청양! 넌 분명한 바바리맨이야!

──〈그래도 내가 하지 않았어〉, 「코미디에 빠지다」(2013)

이번 장에서는 실제 방송에 등장했던 개그 코너들을 분석하며
귀납 논증을 공부해 보겠습니다. 귀납 논증을 이용하는 웃음 코
드가 개그맨들 사이에서는 '꺾기'(반전)라는 기술로 불린다고 말
씀드린 것을 기억하시나요? 개그계에서 자타가 공인하는 꺾기의
달인이 바로 개그맨 김준호 씨입니다. 김준호 씨의 수많은 출연

작 중 귀납 논증의 구조를 설명하기에 가장 적합한 개그 코너를 살펴보겠습니다. 바로 〈버티고〉입니다.

영화 촬영장을 배경으로 하는 이 코너는, 촬영 도중 여배우에게 얻어맞는 연기 때문에 곤욕을 치르는 남자 배우들의 이야기입니다. 〈버티고〉에서는 크게 2가지 웃음 코드가 등장합니다. 여배우에게 곤욕을 치르는 과정에서 남자 배우들이 느끼는 두려움과 비굴함이 그 첫 번째 웃음 코드입니다. 일종의 '몸 개그' 또는 '슬랩스틱' 웃음 코드라 할 수 있습니다. 현실의 약자인 여성이 영화 촬영장이라는 특수한 상황에서 남성을 완력으로 제압한다는 설정이 '현실을 전복하는' 심리적 쾌감을 불러일으키는 것입니다.

두 번째 웃음 코드가 바로 귀납 논증입니다. 첫 번째 웃음 코드를 포함하면서도 신선한 '반전'까지 제시하는데, 이 반전이 바로 꺾기 기술입니다. 〈버티고〉를 귀납 논증으로 재구성해 볼까요? 먼저, 유튜브 등을 통해서 〈버티고〉의 에피소드 한 편을 감상하시기 바랍니다. 대부분의 에피소드는 다음과 같은 논증으로 재구성됩니다.

전제1: 첫 번째 남자 배우가 촬영 도중에 여배우에게 야무지게 맞았다.

전제2: 두 번째 남자 배우도 촬영 도중에 여배우에게 야무지게 맞았다.

전제3: 세 번째 남자 배우도 촬영 도중에 여배우에게 야무지게 맞았다.

전제4: 네 번째로 등장한 남자 배우 김준호는 촬영에 들어가기 전에 후배인 여배우를 살살 약 올렸다.

전제5: 여배우는 이러한 김준호의 태도에 ('촬영 들어가면 두고 보자.'는 식으로) 이를 갈았다.

여기까지 제시된 전제들로 추론할 때 다음과 같은 결론이 (당연히) 예상됩니다.

결론: (앞의 세 남자 배우는 특별한 이유 없이도 촬영 상황에서 여배우에게 야무지게 맞았는데, 김준호는 여배우를 약 올리기까지 했으니) 촬영에 들어가면 김준호는 그 여배우에게 엄청 맞을 것이다.

결론에서 괄호 안의 내용은 논증으로 재구성하면서 숨은 전제를 보완한 것입니다. 자, 실제 결론은 어떠했을까요? 김준호가 엄청 맞을 것이라는 예상은 어쨌든 적중합니다. 하지만 웃음의 포인트라 할 수 있는 '꺾기(반전)'는 김준호가 보인 가증스러운 태도입니다. 김준호는 촬영장에 나타나면서 앞의 세 남자 배우가 겪은 곤욕을 전혀 목격하지 못한 것처럼 행동하며 여배우를 약올립니다. 만약 김준호가 (촬영 중에 여배우에게 맞은) 세 남자 배우들을 목격했다면 그처럼 여배우를 약 올리진 못했을 것이라고 상식적으로 생각할 수 있습니다.

즉, 김준호가 바보같이 상황 파악도 못하고 여배우를 약 올렸으니 "김준호는 촬영에 들어가면 그 여배우에게 엄청 맞을 것이다.'라는 결론의 개연성이 충분히 예상됩니다. 사실 반전이 없었더라도 예상된 결론만으로도 어느 정도는 웃음을 줄 수 있는 상황이 됩니다.

그런데 김준호는 놀랄 만한 꺾기를 보여줍니다. 촬영 대본을 즉석에서 바꿔가면서까지 여배우의 손찌검을 피해 보려는 시도를 합니다. 우리는 김준호가 보여준 꺾기로부터 '그가 이미 앞의 상황을 몰래 지켜보며 여배우의 성향을 파악했음'을 알 수 있습니다. 게다가 '대본에 없는 엉뚱한 대사로 상황을 바꿈으로써 여배우의 손찌검을 충분히 피할 수 있다는 주도면밀한 판단까지 내렸음'을 추론할 수 있습니다. 김준호는 이와 같은 판단을 근거로 마음 놓고 여배우를 실컷 약 올린 것입니다. 김준호의 판단은 실제 개그 코너에서는 압축되고 생략되어 있지만 이 역시 논증으로 재구성할 수 있습니다.

전제1 : (가만히 지켜보니) 대본대로 연기한다는 이유로 모든 남자 배우들이 여배우에게 도가 넘는 폭력을 당하고 있다.

전제2 : 나도 대본대로 연기한다면 똑같이 그 여배우에게 폭력을 당할 것이다.

전제3 : 내가 고의적으로 대본을 바꾸어 연기한다.

결론: 그 여배우의 폭력을 피할 수 있다.

김준호의 판단을 재구성해 보니 연역 논증이긴 하지만, 타당하지 않은 연역 논증입니다. 누구나 이런 오류를 범하기 쉽습니다. "전제2: 나도 대본대로 연기한다면 똑같이 그 여배우에게 폭력을 당할 것이다."와 같은 값의 문장은 "그 여배우에게 폭력을 당하지 않으려면 내가 대본대로 연기하지 않으면 된다."입니다. "어떤 존재자가 인간이라면 그것은 동물이다."의 동치(同値) 명제는 "어떤 존재자가 동물이 아니라면 그것은 인간이 아니다."입니다. 이와 같은 조건 명제의 앞의 조건을 전건(前件)이라고 하고 뒤의 문장을 후건(後件)이라고 합니다.

어떤 존재자가 인간이 아니라고 해서 동물이 아닌 것은 아닙니다. 즉 전건을 부정한다면 후건이 필연적으로 부정되는 것은 아닙니다. 예를 들어 원숭이나 사자의 경우는 인간이 아니면서도 동물인 경우이니까요. 이와 같은 형식적 오류를 '전건 부정의 오류'라고 부릅니다. 김준호가 대본을 바꾼다고 해서 반드시 여배우에게 맞지 않은 것은 아닙니다. 여배우도 애드리브를 통해 이를 역전시킬 수 있기 때문이지요. 하지만 여배우도 만만치 않은 애드리브 실력을 갖고 있던 바람에 김준호는 오히려 역공을 당하고 결국 여배우에게 따귀를 맞습니다. 이는 김준호의 논증에 오류가 있었고, 이런 문제점을 여배우가 재치로 파고든 경우입니다.

다시 귀납 논증으로 되돌아가 봅시다. 〈버티고〉를 귀납 논증으로 재구성해 보니 전제들로부터 개연적으로 예상된 결론이 반전에 의해서 거부되었고 이 과정에서 웃음이 터져 나왔습니다. 김준호의 이러한 용의주도함, 가증스러움, 비겁함은 관객들이 느낀 개연성을 여지없이 무너뜨리며 큰 웃음을 줍니다. 게다가 반전은 여기서 끝이 아니었습니다. 김준호의 비겁한 전략을 간파한 여배우는 더 멋지고 더 날카로운 논리로 무장한 애드립으로 김준호를 무참히 응징합니다. 이 지점에서 더 큰 웃음이 터집니다.

개연성 하나로 웃음은 두 배!

지금까지 살펴봤듯이 귀납 논증이 웃음 코드로 작동하기 위한 몇 가지 조건들이 있습니다. 귀납 논증의 웃음 코드란, '분위기상' 특정한 결론으로 몰고 가다가 '예상에서 벗어난 결론'을 제시하면서 웃음을 유발하는 것입니다. 이때 특정한 결론으로 몰고 가는 과정이 충분히 '개연적'이어야 합니다. 왜냐하면 충분히 개연적이었기 때문에 예상을 빗나간 결론을 마주했을 때 관객이 느끼는 '반전'의 효과가 극대화되기 때문입니다.

다시 말해 개그 코너를 구성하는 귀납 논증 구조가 개연적이지 못하여 특정한 결론이 강제되지 못한다면 꺾기 효과는 기대하기 어렵다는 얘기입니다. 이렇듯 개연적으로 예상된 결론이 뒤집히는 '꺾기(반전)'가 웃음으로 이어지려면 개연성이 충분히 확보된 좋은 귀납 논증을 제시해야 합니다. 연역 논증을 활용하는 개그 코너가 형식적으로 타당한(좋은) 연역 논증을 내세워야 웃음 효과가 커지는 것과 마찬가지입니다.

〈버티고〉에서는 정당한 개연성을 거부하는 방식으로 귀납 논증을 웃음 코드로 사용하지만, 전혀 다른 방식도 존재합니다. 정당한 개연성, 정당한 귀납 논증 자체가 웃음을 주는 경우입니다.

이러한 방식의 개그 코너도 상당히 많은데요. 요즘 MBC 「코미디의 길」에 나오는 〈그래도 내가 하지 않았어〉라는 코너를 분석해 볼까요? 이 코너는 「코미디의 길」이 방송되기 전에 종영되었던 「코미디에 빠지다」에서부터 등장했지만 「코미디의 길」에서 다시 부활했습니다. 〈그래도 내가 하지 않았어〉는 원래 일본 영화의 제목입니다. 이 영화는 「쉘 위 댄스」로 유명한 수오 마사유키 감독의 작품이지요. 그 내용은 지하철에서 성추행범으로 오해받은 한 남자가 힘겨운 법정 소송을 통해 자신의 결백을 주장하는 과정을 담고 있습니다. 개그 〈그래도 내가 하지 않았어〉는 이 영화의 설정을 빌려와서 성추행에 관련된 다양한 상황 속에서 오해받는 남자의 이야기가 에피소드를 구성합니다.

어느 날 여성에게 알몸을 노출하는 바바리맨 사건이 발생하고, 현장에서 두 명의 남자가 용의자로 지목되어 경찰서로 잡혀옵니다. 한 명은 진범이며 다른 한 명은 외모 때문에 진범으로 오해받는 남자입니다. 경찰은 오해받는 남자를 조사하기 시작합니다.

경찰: 너, 딱 보니까 조사할 것도 없이 그냥 바바리맨이네.

오해남: 아녜요, 제 외모 때문에 오해하시는 거예요.

경찰: 아, 됐고. 너 이름이 뭐야?

오해남: 노춘……이요.

경찰: 노출? 이름부터 바바리맨이구먼!!

오해남: 노출이 아니라, 노춘이라구요!!

경찰: 아, 됐고. 너 어디 살아?

오해남: 서울 개봉동요.

경찰: 개봉? 뭘 개봉하길래? 바바리코트를 개봉할 건가? 너 바바리맨이지?

오해남: 무슨 말씀이에요? 개봉동이 그 뜻이 아니잖아요!!

경찰: 아, 됐고. 너 고향은 어디야?

오해남: 충남 청양요.

경찰: 청양? 고추로 유명한 그 청양? 이름은 노출, 사는 곳은 개봉, 고향은 고추로 유명한 청양…… 이거 뭐 더 조사할 것도 없네. 니가 바로 바바리맨이야!!

경찰이 오해남을 조사하면서 오해남을 바바리맨이라고 결론 내리는 과정이 바로 귀납 논증입니다. 이는 잘못된 귀납 논증의 대표적 유형인 '성급한 일반화의 오류'를 범하고 있습니다. 일단 오해남은 외모만으로도 바바리맨으로 오해받을 정도입니다. 즉 외모에서부터 이미 성범죄자로 각인된 경찰은 오해남을 조사하

는 과정에서 이름, 주소, 고향의 고유명사들이 모두 바바리맨과 관련이 있다고 비약적으로 일반화합니다.

이름 '노춘'은 '노출'과 관련이 있고, 주소 '개봉동'은 뭔가를 연다는 뜻의 '개봉'이라는 단어와 발음이 같습니다. 마지막으로 고향인 '청양'의 특산물인 고추는 남자의 성기를 나타내게 되지요. 결국 경찰은 노춘, 개봉동, 청양에서 노출, 개봉, 고추라는 단어를 연상합니다. 이러한 연상을 바탕으로 이 사람을 바바리맨으로 단정합니다.

귀납 논증 자체가 연역 논증과는 달리 개연성을 그 특징으로 합니다. 그런데 그 개연성이 높고 낮음에 따라 설득력이 높은 귀납 논증이 되기도 하고 성급한 일반화의 오류를 범하는 귀납 논증이 되기도 합니다. 하지만 개연성의 정도를 평가할 수 있는 객관적인 지표들이 마땅하지 않은 경우가 많습니다. 다시 말해서 귀납적 일반화에서 지나친 비약과 적절한 추론 사이를 평가할 기준이 명확하지 않은 경우가 대부분입니다. 그러다 보니 추론 과정에 다소 우연과 과장이 있고, 단어가 연상되는 과정에도 상당한 비약이 있습니다. 그럼에도 불구하고 우리 관객들은 경찰의 추론 과정을 보며 웃습니다.

관객들은 이미 개그의 시작 부분에서 오해남이 범인이 아니라는 것을 알고 있습니다. 그러니 외모의 선입견에 사로잡힌 경찰이 시도하는 귀납 논증의 비약이 우스울 수밖에 없습니다. 즉, 경찰의 추론 과정은 우연에 우연을 거듭하는 바보짓이니까요. 그래서 경찰보다 현명하다고 자신을 생각하는 관객들은 그 바보 같은 경찰의 추론에 박수를 치며 웃게 됩니다.

이렇듯, 이 개그 코너에서는 꺾기가 한 번도 등장하지 않음에도 불구하고 귀납 논증이 멋지게 사용된 사례입니다. 개연성에 근거를 둔 귀납 논증의 약점을 활용해서 웃음을 유발하는 코드로 이용한 것입니다. 이처럼 올바른 연역 논증이나 귀납 논증이 아닌, 오류와 비약의 추론이 웃음의 주요한 소재나 방법이 될 수 있습니다.

이제 귀납 논증이 웃음을 유발하는 2가지 방식을 정리하며 이번 장을 마치겠습니다. 〈버티고〉처럼 정당한 개연성을 뒤집거나 거부하는 방식이 그 첫 번째이며, 〈그래도 내가 하지 않았어〉처럼 성급한 일반화의 오류로 이어질 수 있음을 보여주는 방식이 그 두 번째입니다.

MBC 개그 프로그램의
고군분투

「개그콘서트」의 독주 체제가 굳어지기 전에는, MBC도 나름 코미디 강국이었다. 2000년대 중반에 들어서면서 「개그콘서트」에 본격적으로 밀리게됐지만 「개그야」 등으로 「개그콘서트」와 경쟁했다는 사실 또한 부인할 수 없다. 「개그야」가 종영 후, MBC는 실험적인 프로그램들을 다양하게 시도했지만 시청자들의 관심을 받기에는 역부족이었다. 「하땅사」, 「꿀단지」, 「웃고또 웃고」가 연달아 1년도 못 되어 종영되었고, 「코미디에 빠지다」는 몇몇 인기 코너에 힘입어 1년 반이 넘게 선전했지만 결국 종영되었다. 2014년 11월 현재, 공개 코미디 방식을 탈피한 「코미디의 길」이 방영되고 있다. MBC는 2000년대 이후 개그 프로그램에 대한 회사 차원의 배려와 관심이 의심될 정도로 지원이 줄어들었다. 공중파 방송국이 정통 코미디 프로그램을 외면하면 안 된다는 시선을 의식했는지, 명맥을 끊지 않는 정도의 생색내기에머무르고 있다. 「개그콘서트」와 같은 공개 코미디 방식으로는 더 이상의 경쟁이 어렵다는 사실을 인정하고 다양한 포맷을 시도하고 있는 점은 분명 긍정적이지만, 시청률이 제대로 나올 리 없는 일요일 밤 12시 시간대에 프로그램을 편성하는 등, 진정성을 의심받기에 충분한 행동은 여전하다. MBC 공채출신의 개그맨들은 비록 소속 방송국의 갈팡지팡 행보 때문에 어려움을 겪고있지만, 타 방송국 출신 개그맨들보다 훨씬 더 끈끈한 유대감을 바탕으로 더욱더 좋은 개그를 만들기 위해 노력하는 것으로 유명하다. MBC 출신으로실력을 인정받아서 tvN 「SNL」에 고정 출연 중인 정성호, 정명옥, 김두영씨 등이 대표적인 케이스다.

2

둘째 날

오류를 알아야 논리가 보인다람쥐

이제부터는 다섯 장에 걸쳐서 '논증의 오류'를 공부하겠습니다. 당연히 개그를 통해서 공부하게 됩니다. 그런데, 앞에서 개그를 통해 귀납논증과 연역 논증을 공부할 때 이미 논증의 오류까지 공부한 것이나 마찬가지입니다. 곧 알게 되겠지만, 논증의 구조와 특징이 개그 속에서 웃음을 자아내는 과정에 오류가 포함되어 있기 때문입니다.

예컨대 연역 논증에서 형식적 오류를 범할 때와 귀납 논증을 성급하게 일반화하거나 잘못된 유추를 사용하면 오류가 일어납니다. 말 그대로 오류란 틀린 논증을 일컫습니다. 틀린 논증에는 연역 논증에서처럼 형식적으로 문제가 있는 것과 귀납 논증처럼 형식과 무관한 것도 있습니다. 비형식적이라는 것은 내용적으로 문제 있거나 언어적으로 애매모호하다는 것입니다. 내용적인 오류에는 귀납 논증과 관련된 것을 포함하여 논리와 무관한 심리적인 오류, 인과 추론과 관련된 오류, 원칙 혼동의 부적합성과 관련된 오류 등이 있습니다. 간단히 분류하자면 오류는 보통 형식적 오류와 비형식적 오류로 구분됩니다.

수많은 개그가 이러한 오류를 활용해서 재치 있는 유머를 만들어냅니다. 이제부터 오류 공부를 통해서 주옥같은 개그 코너에 담긴 오류들을 분석해 보는 능력을 키워봅시다.

1마당 형식에 오류가 있어 웃는다
형식적 오류

선언하는 순간, 선언 명제의 오류

"당황하지 않고…… 상대의 힘을 역이용하여 살짝 빠져나온 다음, 반대방향으로 굉장히 빨리 가서 그대로 옆구리를 빡~ 끝!"

"치우고, 이렇게 하면? 어쩔 거야?"

——〈깐죽거리잔혹사〉, 「개그콘서트」(2014)

2006년 「개그콘서트」의 최고 인기 코너 〈범죄의 재구성〉은 논증의 오류만으로 만들어진 개그라 해도 과언이 아닐 만큼 논증의 오류와 밀접한 관련이 있습니다. 이 코너에서는 검사 역을 맡은 개그맨 황현희 씨가 피의자 역을 맡은 곽한구 씨를 골탕 먹이는 이야기입니다. 주로 논증의 오류를 이용하여 피의자를 괴롭힙니다. 다음과 같은 상황이 등장합니다.

검사: (빠른 말로 혼란스럽게 증인에게) 당신 증인이야? 범인이야? 증인이야? 범인이야?

증인: 증인이요.

검사: (피의자에게 재빨리) 너 증인이야?

피의자: 아뇨.

검사: 그렇다면 (피의자가) 범인이군.

여기서, 검사의 결론은 참인가요? 그렇지 않습니다. 이 피의자가 증인이 아니면서도 범인이 아닐 수 있기 때문이지요. 다시 말해서 그 사람은 이 사건과 무관한 사람일 수 있고 피해자일 수도 있습니다. 이 세상에는 이 사건과 관련된 범인, 증인 말고도 무관한 사람들이 훨씬 많을 텐데도 마치 검사는 증인 아니면 범인밖에 없다는 식으로 대화를 몰고 갑니다. 이와 같이 조금만 생각해 보면 검사의 결론은 거짓입니다. 그러나 검사의 논증은 타당합니다. 이런!

검사의 논증을 삼단논법으로 재구성하면 다음과 같습니다.

대전제: 당신은 범인이거나 증인이다.

소전제: 당신은 증인이 아니다.

결론: 당신은 범인이다.

대전제인 '당신은 범인이거나 증인이다.'가 선언명제입니다. 선언명제란 '이거나', '또는'이라는 선택을 나타내는 접속사로 연결된 문장을 말합니다. 앞 문장에서 '이거나'로 연결된 '범인'과 '증인'을 선언지라고 합니다. 선언지란 선언명제의 항목들을 가리키는 말입니다. 검사의 논증은 대표적인 선언 삼단논법 중의 선언지 부정식으로 타당한 것입니다. 그 논증 구조는 다음과 같습니다.

대전제: p이거나 또는 q이다.

소전제: p가 아니다.

결론: 그러므로 q이다.

이와 같은 논증은 분명히 타당합니다. 예를 들어 "철수는 야구를 좋아하거나 축구를 좋아한다. 철수는 야구를 좋아하지 않는다. 그러므로 철수는 축구를 좋아한다." 철수가 야구를 좋아하거나 축구를 좋아한다는 대전제 아래에서는 철수가 야구를 좋아하지 않으면 축구를 좋아할 수밖에 없습니다. 따라서 검사가 말하 듯이 피의자가 증인이거나 범인이라는 전제가 성립되면 증인이 아니면 범인일 수밖에 없어요.

문제는 검사의 대전제이죠. "당신은 증인이거나 범인이다."라 는 대전제가 그릇된 것일 수 있습니다. 왜냐하면 피의자는 이 사 건과 무관할 수 있기 때문이죠. 따라서 피의자는 이 대전제가 그 릇되었다는 점을 따지면 이 곤란한 상황에서 벗어날 수 있습니 다. 이렇게 보니 논리가 일상 생활에서 참으로 중요하네요.

반면에 선언지 부정식과는 달리 '선언지 긍정의 오류'가 있습 니다. 그 형식은 다음과 같습니다.

대전제: p이거나 또는 q이다.

소전제: p이다.

결론: 그러므로 q가 아니다.

다시 검사의 사례로 돌아가서 "당신은 증인이거나 범인이다. 당신은 증인이다. 그러므로 범인이 아니다."라는 논증은 부당합 니다. 피의자는 증인이면서 범인인 경우도 있을 수 있으니까요. 쉬운 사례를 들면 다음과 같습니다. "당신은 학생이거나 아르바이트생이다. 당신은 아르바이트생이다. 그러므로 당신은 학생이 아니다." 이 사례는 쉽게 이해되지요. 누군가가 아르바이트생이라고 해서 반드시 학생이 아닌 것은 아닙니다. 왜냐하면 학생이면서 아르바이트생이 있을 수 있기 때문이죠.

그 이유를 좀 더 살펴봅시다. 선언명제에는 배타적인 선언문과 포괄적인 선언문이 있습니다. "너는 살거나 아니면 죽는다." 이 선언명제는 배타적입니다. 살고, 죽는 것은 동시에 참일 수 없기 때문입니다. 뭐, 좀비인 경우에는 아니라고요? 좀비는 죽어 있으면서 살아 있는 존재자라고요? 좀비는 영화 속의 상상적 존재이므로 일단 현실 상황에서는 배제하기로 합시다. 반면에 "당신은 증인이거나 범인이다."라는 명제에서 두 선언지가 동시에 참일 수 있습니다. 마치 아르바이트생이면서 동시에 학생일 수 있는 것처럼 말입니다. 이러한 선언명제는 포괄적인 것에 해당합니다.

그러면 검사의 문제점은 이 선언명제를 배타적으로 해석한 것입니다. 따라서 검사의 선언명제는 거짓일 수 있습니다. 따라서 검사의 선언명제는 단지 가정일 뿐이지 결코 전제는 될 수 없습니다. 전제는 반드시 참이지만 가정은 반드시 참임을 확증할 수 없는 경우를 말하기 때문이죠. 피의자가 검사의 대전제를 가정이라고 지적했다면 몰린 상황에서 벗어날 수 있었습니다. 역으로 선언지 긍정 오류도 만약 대전제가 배타적이라면 타당한 논증이 됩니다. 하나의 사례를 들어봅시다.

대전제: 철수는 지금 야구장에서 야구를 하고 있거나 교실에서 영어 수업을 듣고 있다.

소전제: (확인 결과) 철수는 지금 교실에서 영어 수업을 듣고 있다.

결론: 그러므로 철수는 지금 야구장에서 야구를 하고 있지 않다.

이 삼단논법은 선언지 긍정에도 불구하고 타당합니다. 반면에 다음의 논증은 오류입니다.

대전제: 당신은 범인이거나 증인이다.

소전제: 당신은 증인이다.

결론: 당신은 범인이 아니다.

앞서 말한 것처럼 범인은 자기 범죄에 대한 증인이므로 이 삼단논법의 대전제가 포괄적인 선언명제입니다. 그러므로 선언지 긍정의 오류가 일어난 것이죠. 논리학에서는 이러한 오류를 '아니면(또는)의 오류'라고도 부르고 있으며 후건 긍정의 오류, 전건 부정의 오류와 함께 대표적인 형식적 오류라고 합니다.

후건 긍정의 오류와 전건 부정의 오류는 조건명제에서 나타나는 오류입니다. 조건명제는 '만일 ……이면 ……이다'의 형식을 띱니다. 예를 들어 '철수가 사람이면 철수는 동물이다.'처럼요. 여기서 '철수가 사람이다.'와 '철수는 동물이다.'는 '이면(if then)'이라는 조건을 나타내는 접속사에 의해 연결되어 있습니다. 그래서 이 명제를 조건명제라고 부르는 것입니다. 조건명제 중에서 조건절을 전건(前件)이라고 하고, 귀결절을 후건(後件)이라고 합니다. '철수가 사람이다.'는 전건에 해당하고, '철수는 동물이다.'는 후건에 해당합니다.

삼단 논법에서 전건을 긍정하여 후건을 결론으로 이끌어내는 '전건 긍정식'은 타당합니다. 예를 들어 봅시다.

대전제: 개그맨이 사람이면 개그맨은 동물이다.(p라면 q이다.)

소전제: 개그맨은 사람이다.(p이다.)

결론: 개그맨은 동물이다.(q이다.)

이 삼단논법이 타당하다는 것은 삼척동자도 잘 알 수 있습니다. 이러한 논증을 전건 긍정식이라고 부릅니다. '개그맨이 사람이다.'가 전건이고 이를 부정하지 않고 긍정해서 그대로 사용하기 때문에 전건 긍정식이라는 이름이 붙여진 것입니다. 이 전건 긍정식과 더불어 후건 부정식도 타당한 논증입니다.

'개그맨이 사람이면 개그맨은 동물이다.'와 동치명제는 '개그맨이 동물이 아니라면 개그맨이 사람이 아니다.'입니다. 여러분이 중고등학교 수학 시간에 대우명제라는 말을 들어본 적이 있을 것입니다. 어떤 조건명제의 동치명제는 그 대우명제입니다.

논리학에서 →은 '만일 ……이면 ……이다'를 뜻하고 -은 '아니다'를 뜻합니다. 'p→q'의 대우는 '-q→-p'입니다. 기호를 쓰면 더욱 명확한 구조가 보인다는 장점이 있습니다. 그래서 이러한 표기 방식을 한 논리학을 기호논리학이라고 부릅니다.

그 대우명제를 이용한 삼단논법은 다음과 같습니다.

대전제2: 개그맨이 동물이 아니라면 개그맨은 사람이 아니다.

소전제: 개그맨은 동물이 아니다.

결론: 개그맨은 사람이 아니다.

이 논증은 전건 긍정식이므로 타당합니다. 다시 대전제의 대우명제인 '개그맨이 사람이면 개그맨은 동물이다.'를 대전제로 사용하면 다음과 같은 구조를 보입니다.

> 대전제1 : 개그맨이 사람이라면 개그맨은 동물이다.
>
> 소전제: 개그맨은 동물이 아니다.
>
> 결론: 개그맨은 사람이 아니다.

이 논증도 타당합니다. 왜냐하면 대전제2와 대전제1이 서로 대우명제로서 동치(같은 값)이기 때문이죠. 이러한 삼단논법을 후건 부정식이라고 부릅니다. '개그맨은 동물이다.'라는 후건을 부정해서 타당한 결론에 도달한 것이죠.

반면에 후건을 긍정하여 전건을 결론으로 이끌어내면 오류가 됩니다. 이는 다음과 같이 표시할 수 있습니다. "p라면 q이다. q이다. 그러므로 p이다." 예를 들어 봅시다.

> 대전제: 철수가 사람이라면 철수는 동물이다.
>
> 소전제: 철수는 동물이다.
>
> 결론: 철수는 사람이다.

이러한 후건 긍정식은 오류입니다. 왜냐하면 동물의 집합은 사

원숭이가 되어버린 다윈(?)

람의 집합보다 크기 때문이죠. 따라서 철수라는 이름의 오랑우탄이 동물이라고 해서 그 오랑우탄이 사람이 될 수는 없습니다. 동물이라고 해서 반드시 사람은 아닌 것이죠.

마찬가지로 삼단논법에서 전건을 부정하여 후건의 부정을 결론으로 이끌어내면 오류가 됩니다. 그 식은 다음과 같습니다. "p라면 q이다. q가 아니다. 그러므로 p가 아니다."

대전제: 철수가 사람이라면 철수는 동물이다.

소전제: 철수는 사람이 아니다.

결론: 철수는 동물이 아니다.

이러한 전건 부정식도 오류입니다. 철수라는 이름의 오랑우탄은 사람은 아니지만 동물이기 때문이죠. 사람이 아니면서 동물인 경우가 가능하다는 뜻입니다.

생각만으로 현실을 바꿀 수 없다!

현재 이 글을 쓰는 시점을 기준으로 「개그콘서트」에서 가장 인기 있는 코너가 있습니다. 바로 〈깐죽거리잔혹사〉입니다. 요즘 개그계의 대세는 바로 이 코너에 출연하고 있는 개그맨 조윤호 씨입니다. 오랜 무명 세월을 거쳐 30대 후반의 나이에 개콘의 대세가 된 그의 사연은 TV에서도 화제가 되었습니다. 〈깐죽거리잔혹사〉 속에서 조윤호 씨는 생각만으로 싸우는 싸움의 고수로 등장합니다. 그는 머릿속에서 상대방을 제압하는 갖가지 필살기를 상상해 보지만 현실에서는 전혀 통하지 않게 되면서 역습을 당합니다. 그가 이 코너에서 보여주는 유행어들, '당황하지 않고~', '내가 생각한 게 있어서 그래', '빡!', '끝!' 등은 머릿속에서 그가 시뮬레이션하는 상황을 맛깔스럽게 표현한 것입니다. 이 점에서 관객에게 웃음을 주고 있습니다.

조윤호 씨가 머릿속에서 상상하며 시뮬레이션하는 갖가지 필살기는 아직 추상적인 것에 불과합니다. 마치 연역 논증이 형식적으로 존재하는 것과 같습니다. 연역 논증의 형식적 오류 외에 실제로 연역 논증의 내용적인 측면에서 바라봤을 때 그 전제들이 모두 참으로 입증되지 않으면 내용상의 결함을 안게 됩니다. 그래서 마치 타당한 연역 논증을 실제로 검증하면 거짓으로 판정되는 경우와 마찬가지로 조윤호의 개그는 자신이 고안한 추상적인 생각이 현실성 앞에서 무력하게 무너지는 것을 활용한 것입니다. 형식 논리의 한계가 바로 이 개그에서 잘 드러납니다.

우리는 이 장에서 형식 논리의 형식적 오류를 주로 다루었지만 형식적으로 타당해도 문제가 될 수 있다는 것을 여러분은 조윤호 씨의 개그를 통해 알 수 있습니다. 형식은 추상적일 뿐, 구체적인 것이 아닙니다. 형식적인 오류만 없다고 그것으로 충분하지 않습니다. 예를 들어 추상적 수학을 활용해서 정교한 모델을 구축한 현대의 경제학이 2008년 금융위기를 예측하지 못하고 맙니다. 따라서 여러분이 논리를 배우지만 논리에서 끝나고 독서나 실제의 경험을 풍부하게 하지 않는다면 조윤호 씨의 필살기처럼 현실 앞에 무력하게 될 뿐입니다.

이에는 이,
눈에는 눈

프로타고라스가 그의 제자 유에르투스에 대한 소송에서 주장하기를,

"만약 유에르투스가 이 사건에서 승소하면 그는 법에 의하여 나에게 수업료를 지불해야 합니다. 만약 그가 이 사건에서 패소하면 약속에 의하여 나에게 수업료를 지불해야 합니다. 그는 승소하든가 아니면 패소합니다. 그러므로 그는 어느 쪽이든 나에게 수업료를 지불해야 합니다."

이처럼 상대방을 진퇴양난에 빠트리는 논증을 딜레마(거짓 양도논법)의 오류라고 한다. 프로타고라스는 약속한 수업료를 내지 않기 위해 일부러 소송을 맡지 않는 제자 유에르투스가 얄미워 소송을 했던 것이다.

그러나 그의 제자 유에르투스는 이에 반론하기를,

"내가 이 사건에서 승소하면 법에 의하여 나는 돈을 지불하지 않아도 됩니다. 만약 내가 이 사건에서 패소하면 약속에 의하여 나는 돈을 지불하지 않아도 됩니다. 나는 승소하든가 아니면 패소합니다. 그러므로 나는 어느 쪽이든 수업료를 지불할 필요가 없습니다."

이와 같은 반대 딜레마를 사용하면 앞에서 제시한 프로타고라스의 딜레마를 반박할 수 있다. '이에는 이, 눈에는 눈', 이것이야말로 딜레마를 피하거나 논파하는 방식인 것이다. 하하하……

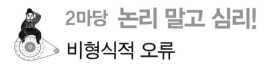

2마당 논리 말고 심리!
비형식적 오류

〈박대박〉과 의도 확대의 오류

"메이저리그 특급 투수인 당신도 어릴 때 좋아한 선수가 있었죠?"

"데이비드 베컴."

"축구선수를 좋아했으면 축구선수가 되어야지 왜 야구선수가 되었어요?"

"무슨 소리야? 그럼 여자 좋아하면 여자 되냐? 난 여자 좋아하는데 왜 여자가 안 됐어?"

——〈박대박〉, 「개그콘서트」(2009)

이제부터 살펴볼 비형식적인 오류들은 논리가 아닌 마음이나 인간에 호소한다는 특징이 있습니다. 더 나아가 상대방의 의도나 주장을 제멋대로 해석하여 공격하는 경우도 있습니다.

이 영화는 천만 명이 관람했습니다. 따라서 이 영화는 매우 뛰어난 작품입니다.

이 논증은 전형적으로 '대중이나 다수에 호소하는 오류'를 보여줍니다. 다수가 봤다는 전제와 뛰어난 작품이라는 결론 사이에 필연적이거나 개연적인 연관성이 없습니다. 대개 사람들은 다수와 다르게 생각하는 것을 두려워합니다. 소수자가 된다는 서러움과 차별을 잘 알기 때문이지요. 따라서 이 논증은 두려운 마음이라는 심리적인 요소에 호소를 하고 있는 것이지요. 역사적으로 보면 천동설이 지배하던 당시에 소수의 몇몇 학자가 지동설을 주장했었습니다. 그러면 다수의 사람들이 주장한 천동설이 진리인가요? 그렇지 않습니다. 따라서 사람의 숫자로 진리를 판가름할 수 없습니다. 그러기에 대중이나 다수에 호소하는 것이 오류가 됩니다.

좋지 않은 학점을 받은 학생이 교수님께 다음과 같이 성적 정정을 요청했습니다. '교수님께서 성적을 올려주시지 않으면 저는 다음 학기에 장학금을 받지 못합니다. 시골의 노모께서 홀로 저를 키우고 계시기에 장학금을 받지 못하면 다음 학기를 휴학해야 합니다. 그러면 저희 어머님께서 크게 슬퍼하실 것입니다. 그러니 저희 어머님의 슬픈 얼굴을 보고 싶지 않기에 부디 꼭 학점을 올려주시기 바랍니다.'

이 논증은 대학의 학기말 때가 되면 어김없이 한두 번은 나타납니다. 어머니가 슬퍼할 일이라는 전제와 학점을 올려달라는 결론 사이에는 마찬가지로 필연적인 연관성은 없습니다. 다만, 그 의도는 교수의 동정심에 호소하고 싶은 것입니다. 불쌍히 여긴다는 심리적인 요인이 개입되면 학점이 올라갈 수도 있지요. 그렇지만 이는 전혀 논리적이지 않습니다. 이러한 논증이 대표적으로 '연민이나 동정에 호소하는 오류'입니다.

어느 날 한 비구니(여성 수행승)가 조주 선사를 찾아왔습니다. 그 여성은 조주 선사에게 우주의 가장 근본 진리인 '비밀 중의 비밀'을 가르쳐 달라고 간청했습니다. 이에 조주 선사는 그 비구니의 손을 가볍게 잡았습니다. 원래 조주 선사의 의도는 이렇게 손을 잡음으로써 그 '비밀 중의 비밀'이 바로 그녀 자신 안에 있음을 가르

처 주고자 함이었습니다. 그러나 비구니는 선사의 행동이 뜻밖이었던지 깜짝 놀라 말했습니다. '아니! 노스님께서도 아직 그런(이성을 좋아하는) 마음이 있으신가요?'

이를 다음과 같은 논증 구조로 바꿔 보겠습니다.

> 전제: 조주 선사가 가르침을 빌미로 여자인 내 손을 잡았다.
> 결론: 조주 선사도 여전히 음심(淫心)에서 벗어나지 못했다.

이 논증에서 전제와 결론은 매우 부적합한 관계를 맺고 있습니다. 손을 잡았다고 해서 그 의도를 필연적으로 음심이라고 규정할 수 없습니다. 그럼 악수하는 모든 사람이 성적인 마음을 품었다고 봐야 할까요? 내 손을 잡은 사람은 반드시 나를 좋아하는 것일까요? 초등학생도 이것이 오류라는 것을 잘 압니다. 비구니는 조주 선사의 의도를 오해한 것입니다. 이러한 오류를 '의도 확대의 오류'라고 합니다. 다시 말해서 비구니는 자신의 음란한 마음을 조주 선사에게 역투사한 것이지요. 역시 '의도'라는 심리적인 요인이 여기에 작용하고 있습니다. 마음이 마음을 읽는 것은 항상 오해가 개입될 여지가 크지요.

KBS 「개그콘서트」에서 오랫동안 콤비로 활동하고 있는 개그맨 박성광 씨와 박영진 씨는 유독 토론 형태의 개그들로 인기를 끌었습니다. 두 사람은 2007년 '그걸 아는 사람이 그래?'라는 빅히트 유행어를 남긴 〈집중토론〉을 시작으로, 〈박대박〉, 〈박대박 2〉 등 적지 않은 토론형 개그들을 만들었습니다. 이를 통해 그 재능을 크게 인정받았습니다. 박성광 씨가 함께 출연한 작품은 아니지만, 박영진 씨와 김영희 씨가 출연한 〈두 분 토론〉이라는 개그가 있었습니다. 이 개그도 '소는 누가 키울 거야? 소는?'이라는 유행어를 남기며 많은 사랑을 받은 토론형 개그입니다.

박성광과 박영진, 두 사람의 개그 호흡이 절정에 달했을 때 방송된 〈박대박〉이라는 코너에서는 매회 다른 에피소드가 등장합니다. 이때 주요한 웃음 코드는 박영진 씨가 박성광 씨를 당황하게 하면서 박성광 씨의 논리적 오류를 지적하여 박성광 씨를 당황하게 만드는 것입니다. 이는 전형적인 의도 확대의 오류를 활용한 개그입니다. 예를 들면 다음과 같은 상황입니다.

박영진은 유명한 야구 선수이다. 기자인 박성광이 야구 선수인 박영진에게 질문을 한다.

박성광: 야구는 어떤 계기로 하게 되었나요?

박영진: 내가 어렸을 때 좋아하던 선수가 있었는데 그 선수를 보면서 꿈을 키웠어.

박성광: 그 선수가 누구인가요?

박영진: 데이비드 베컴.

박성광: (당황하며) 축구 선수를 좋아했다면 축구 선수가 되어야 하는 거 아닌가요?

박영진: 무슨 소리야, 그럼 여자 좋아하면 여자 되냐? 난 여자 좋아하는데 왜 여자가 안 됐어?

박성광: ?

박영진 씨는 의도적으로 박성광 씨를 당황하게 만듭니다. 그런 다음에 박성광 씨가 당황해서 의도 확대의 오류를 범하면 다시 이를 지적하여 상대방을 더욱 꼼짝 못하게 만들어버립니다. 이런 과정에서 웃음이 터져 나오게 되는 것이지요. 박성광 씨의 추론 과정에서 의도 확대의 오류가 발생한 부분을 검토해 보겠습니다.

전제: 박영진은 어렸을 때부터 데이비드 베컴을 좋아하면서 선수의 꿈을 키웠다.

전제: 데이비드 베컴은 축구 선수이다.

결론: 박영진은 축구 선수가 돼 있어야 한다.

이 논증 과정에서 박성광 씨는 박영진 씨가 쳐 놓은 덫에 걸려든 것입니다. 대개 누군가로부터 축구선수인 베컴을 역할 모델로 정해 놓고 꿈을 키웠다는 소리를 들으면 그 사람이 축구선수로 성장할 것이라고 추측할 것입니다. 이러한 상식적인 선입견을 바탕으로 했기 때문에 박성광 씨는 쉽게 말려들어 의도 확대의 오류를 범하게 됩니다.

전제: 박영진은 축구선수인 베컴을 좋아했다.
결론: 박영진은 축구선수가 되겠다는 의도를 지니고 있다.

이렇게 간략하게 정리해 놓고 보면 전제와 결론이 무관함을 알 수 있습니다. 좋아했다는 의도를 축구선수가 되겠다는 의도로 확대한 것이지요. 박영진 씨의 심리 게임에 말려든 박성광 씨는 이러한 엉터리 발언을 하게 됩니다. 그러자 영리한 박영진 씨가 박성광 씨의 오류를 다음과 같이 날카롭게 지적합니다. "여자를 좋아한다고 여자가 되니?" 이로써 더 난처해진 박성광 씨의 곤란한 모습을 통해 우리는 웃게 되지요.

〈사망토론〉과 허수아비 논증의 오류

지금 살펴볼 허수아비 논증의 오류는 의도 확대의 오류를 더 공격적으로 적극적으로 극대화하는 경우라고 볼 수도 있습니다. 이 오류는 오류라는 생각도 잘 들지 않을뿐더러, 오류 발생 지점을 발견하기도 매우 어렵습니다. 이 오류는 상대방의 주장을 자신이 공격하기 쉽도록 교묘하게 왜곡한 후에 왜곡된 상대방의 주장의 약점을 공격하기 때문이죠. 있지도 않은 왜곡된 주장은 마치 허수아비와 같습니다. 그래서 허수아비 논증의 오류라는 이름이 붙었습니다. 상대방의 주장을 왜곡한다는 점에서 '의도 확대의 오류'가 활용됩니다. 허수아비 논증의 오류는 왜곡하는 과정이 매우 교묘하기 때문에 상대방이나 청중들은 그것이 오류임을 알아채기가 어렵습니다. 다른 오류들은 뜻없이 무의식적으로 범해진 경우가 많은 반면에, 허수아비 논증의 오류는 처음부터 상대방을 공격하려는 의도를 갖고 있는 경우가 많다는 점에서 상당히 악의적인 오류입니다.

이렇게 상당히 까다롭고 어려운 허수아비 논증의 오류지만 개그 코너를 교재로 활용한다면 재미있게 공부할 수 있습니다. 개그에서는 이 오류가 웃음 코드로 과장되어 작용하기 때문에 오류가 발생하는 지점이 비교적 명확하게 파악됩니다.

허수아비 논증의 오류는 「코미디빅리그」의 토론형 개그인 〈사망토론〉에서 자주 사용되는 웃음 코드입니다. 이 코너에서도 상대방의 정당한 주장을 무시하고 꼬투리 잡고 왜곡할 목적으로 오류들이 자주 이용되어 웃음을 자아내고 있습니다. 하지만 실제 생활에서 관련성의 오류가 등장한다면 파악이 쉽지 않습니다. 매우 권위 있는 TV토론 프로그램에서도 이 오류를 범하는 경우가 종종 눈에 띄지만 당사자는 그것이 오류인지조차 모르는 경우가 허다합니다. 논리적으로 생각하고 토론하는 문화가 부족한 우리 사회의 슬픈 자화상입니다.

정신분석학의 창시자인 프로이트는 『농담과 무의식의 관계』라는 책에서 논증의 오류를 이용하여 농담을 만드는 다양한 기술을 소개합니다. 허수아비 논증의 오류를 활용한 농담 기술도 이 책에 등장합니다. 이 농담 기술을 그는 '자리바꿈(전치, displacement)'이라고 부릅니다. 전치는 심리적인 에너지가 투자되는 대상의 바꿔치기가 일어남을 의미합니다. 〈박대박〉에서 박영진 씨가 박성광 씨의 주장을 왜곡하여 엉뚱한 것으로 제시하며 논점을 일탈시키는 행위가 바로 프로이트가 말하는 '자리바꿈'에 해당합니다.

일례로, 『농담과 무의식의 관계』에 등장하는 유명한 유머인 '마

살벌한 토론이 통쾌한 웃음을 줄 수 있음을 보여준 〈사망토론〉.

요네즈 소스와 연어 요리'가 바로 허수아비 논증의 오류를 이용한 유머입니다.

어느 몰락한 남자가 부자 친척에게 자신의 딱한 처지를 여러 차례에 걸쳐 호소한 결과 돈을 빌렸다. 그러나 바로 그날 그 부자 친척은 식당에서 마요네즈 소스를 친 연어 요리를 앞에 놓고 있는 그와 마주치게 된다. 친지가 비난을 퍼붓는다.

"아니, 나한테서 돈을 빌려 연어 요리를 먹다니! 이러기 위해서 내 돈이 필요했던 거요?"

그가 대답한다.

"무슨 말씀이신지? 돈이 없을 땐 연어 요리를 '먹을 수 없고', 돈이 있을 때는 연어 요리를 '먹어선 안 되다니', 그렇다면 도대체 난 언제 연어 요리를 '먹어야' 합니까?"

이 유머에서 남자가 친척에게 돈을 꿔달라고 최대한 불쌍하게 자신의 처지를 설명할 때, 분명 고급 연어 요리보다는 훨씬 더 시급한 곳에 돈이 필요하다고 사정했을 것이라는 것은 쉽게 짐작할 수 있습니다. 이러한 상황에서 그 남자가 고급 연어 요리를 먹는 장면을 본 친척이 그 남자를 비난하는 것은 당연합니다. 그러자 그 남자는 적반하장 식으로 친척의 비난을 전혀 다른 논점으로 바꾸어 버립니다. 마치 친척의 질타를 '돈이 있어도 당신은 연어 요리를 먹어서는 안 돼'라는 잘못된 명령인 것처럼 왜곡합니다. 본래 그 친척은 궁핍한 처지를 빌미로 빌린 돈을 가지고 그렇게 사치스럽게 낭비하면 되느냐고 나무란 것입니다. 이와 같이 교묘한 언변으로 그 남자는 '빌린 돈'이라는 대상을 '연어 요리 먹기'라는 대상으로 관심의 축을 옮긴 것입니다. 프로이트는 이 과정을 '자리바꿈'이라고 불렀고, 허수아비 논증의 오류에 해당합니다.

이러한 비형식적 오류들이 이런 식으로 개그에 많이 활용됩니다. 개그는 구성이 매우 압축되어 있고, 웃음 코드도 핵심을 찌르는 방식으로 전개되기 때문에 논증의 오류를 공부하기에 매우 적합한 교재입니다. 개그를 통해 논증을 재구성하고 오류가 발생하는 지점을 파악하는 훈련을 한다면 비형식적 오류도 쉽게 공부할 수 있습니다.

그러나 이러한 오류 공부의 한계도 알아야 합니다. 대표적으로 인신 공격의 오류가 있습니다. 이 오류는 누군가의 주장(결론)에 대해서 그 주장과 아무 상관이 없는 그 사람의 사생활이나 처한 상황 등을 이유로 주장의 정당성을 거부하는 것을 말합니다. 예를 들어 어떤 정치인이 국회의원 선거에 출마했는데, 그 정치인의 과거 이혼 경력을 이유로 상대방 후보가 그 정치인을 비방하는 경우가 대표적인 인신 공격의 오류입니다. 국회의원으로서의 자격과 이혼 경력은 전혀 관련이 없거나 혹은 있다 하더라도 아주 미미하기 때문입니다.

그런데 인신 공격의 오류라고 치부하기에는 난해한 상황도 있습니다. 앞에서 언급한 그 정치인의 사생활이나 처한 상황에 법적으로나 윤리적으로 심각한 문제가 결부되어 있다면 그 문제를 제기한다고 해서 인신 공격의 오류라고 부르기는 어려울 것입니다. 왜냐하면 유권자들이 그 정치인의 문제점에 관해 정확히 알아야 하기 때문이지요. 비록 정치인의 사생활이라 해서 무조건 국민의 대표인 국회의원의 자격과 관련이 없다고 말할 수는 없어요.

대표적으로 "하이데거는 나치 정권 하에서 총장을 지내며 친(親)나치적인 발언을 하였습니다. 그러므로 나치주의자인 하이데거의 철학은 그 가치가 전혀 없습니다." 이러한 주장에 관해 반대 의견도 있을 수 있습니다. 이러한 주장은 지나치게 인신 공격의 오류를 범하고 있습니다. "하이데거의 철학과 그 정치적 성향은 전혀 무관합니다. 그의 정치적 실수에도 불구하고 그의 철학은 위대할 수 있습니다." 이러한 하이데거 철학의 가치에 관한 논쟁에서 두 사람의 시각적 차이를 읽어낼 수 있습니다. 이론과 실천을 절대적으로 구분해서 볼 것인가, 아니면 연관해서 볼 것인가? 이런 시각의 차이를 단순히 논리적인 오류를 기준으로 판단한다는 것은 무리입니다. 따라서 논리적인 오류로 모든 것을 판단하는 것이야말로 논리로 모든 것을 환원할 수 있다는 잘못된 믿음일 수 있습니다. 논리는 논리라서 한계가 있는 것입니다.

책이나 전문가에
지나치게 의존하지 말라

권위에 호소하는 논증의 오류에 관한 재미있는 이야기가 하나 있다. 고대 중국의 위대한 철학자인 장자는 자신의 책 『장자』에서 과거의 성인과 그의 책이 현대 사회의 지극한 권위가 되는 현상을 비판한다.

제나라 환공이 대청 위에서 글을 읽고 있을 때 윤편이 뜰 아래서 수레바퀴를 깎고 있었다. 그가 망치와 끌을 놓고 올라와서 환공에게 물었다.
"임금님께서 읽고 계신 것에 무엇이 쓰여 있는지 감히 여쭙고 싶습니다."
"성인의 말씀이지."
"성인은 살아 계신 분입니까?"
"그렇다면 임금님께서 읽고 계신 것은 옛 사람의 찌꺼기이겠습니다."

그렇다. 옛 사람의 지극한 정신은 책으로 전달될 수 없다. 따라서 책이란 그 사람의 찌꺼기인 것이다. 그런데도 윤편이라는 목수는 우리가 과거 권위에 빠져 새로운 창조적 아이디어를 받아들이지 못하는 것을 풍자하고 있다. 왕에게 이런 이야기를 한다는 것은 목숨을 걸고 하는 것이다. 풍자란 목숨을 거는 도전이다. 천동설을 진리로 맹신한 기독교 교회는 지동설을 주장한 철학자 부르노를 화형시키고, 과학자 갈릴레오를 집에 가두고 침묵시켰다. 이와 같이 권위에 호소하는 오류를 영국의 철학자 베이컨은 '극장의 우상'이라고 불렀다.

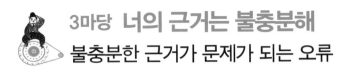

3마당 너의 근거는 불충분해
불충분한 근거가 문제가 되는 오류

논증의 오류가 어려운 까닭?!

"간나쉐리야! 남조선 드라마 속 재벌 2세는 이 상황에서 그렇게 행동하지 않아! 디테일을 살려야디! 디테일!"

——〈남조선 인민통계연구소〉,「코미디빅리그」(2013)

좋은 논증의 조건은, 근거(전제)가 주장(결론)을 충분히 뒷받침하는지 여부입니다. 달리 말해, 근거가 주장을 충분히 뒷받침하지 못하는 논증은 오류가 될 가능성이 매우 큽니다. 우리는 이것을 '불충분한 근거가 문제가 되는 오류', 줄여서 '불충분한 근거의 오류'로 부르겠습니다.

불충분한 근거의 오류는 앞 장에서 공부한 '의도 확대의 오류'나 '허수아비 논증의 오류'처럼 전제와 결론이 맺는 관계가 잘못된 유형의 오류입니다. 이때 '불충분한 근거'라는 말은 '전혀 뒷받침하지 않는다'는 의미가 아닙니다. 겉으로 보기에는 왠지 어느 정도 뒷받침하는 것 같지만 그것만으로는 부족하다는 것이 더 정확한 의미입니다.

논술 교과서나 논리학 교과서에서 논증의 오류를 정의한 부분을 보면 '겉으로는 좋은 논증처럼 보이지만 문제가 있는……'이라는 표현이 자주 등장합니다. 논증의 오류가 어려운 이유는 이렇듯 겉으로는 문제가 없는 것처럼 보이기 때문입니다. '불충분한 근거'라는 표현도 같은 맥락에서 오류의 속성을 보여줍니다. 그 주장을 받아들일 만한 충분한 근거가 없음에도 불구하고 몇몇 의심스러운 근거를 내세워 그 주장을 강요한다면 이는 잘못된 논증입니다.

불충분한 근거의 오류가 발생하는 조건은 크게 두 가지입니다. 첫 번째, 귀납 논증에서 표본의 문제입니다. 이는 귀납 논증의 구조적인 결함이라고도 할 수 있습니다. 예를 들어 어떤 과학자가 동물원에서 호랑이 10마리를 관찰한 후에 귀납 논증을 이용하여 '모든 호랑이는 갈색과 검정색의 무늬를 가지고 있다'라고 결론을 내린다면 이것이 바로 불충분한 근거의 오류입니다. '표본의 규모'가 터무니 없이 적습니다. 10마리라는 표본의 규모는 모든 호랑이의 색깔을 결정하기에는 불충분하기 때문입니다. 돌연변이 때문에 흰색 또는 검은색 호랑이도 존재합니다. 표본의 문제에 대한 조금 더 까다로운 예를 살펴볼까요? 많은 대학이 밀집한 지역구에 출마한 국회의원 후보가 그 지역의 경로당 5곳에서 여론조사를 해보니 90％의 응답자가 자신을 지지한 것으로 나타났습니다. 이때 이 후보자가 경로당 여론조사 결과를 근거로 자신의 당선 가능성을 주장한다면 이는 좋은 논증일까요? 분명 노인 유권자층에서 많은 표가 나올 가능성은 충분합니다. 즉, 당선 가능성에 대한 근거가 전혀 없는 것은 아닙니다. 하지만 그 지역에 많은 대학이 밀집해 있다는 점을 고려할 때 노인 유권자보다는 20~30대 유권자가 훨씬 많을 것입니다. 따라서 경로당 여론조사 결과만으로 당선 가능성을 주장한다면 그 주장에 대한 근거로서는 확실히 불충분합니다. 이를 '표본의 대표성'에 문제가 있다고 합니다. 젊은 유권자보다 훨씬 적은 숫자의 노인 유권자의 표본은 그 지역 유권자의 성향을 대표하지 못합니다. 반면에 젊은 유권자들을 대상으로 여론조사를 했다면 표본의 대표성 문제가 훨씬 적을 것입니다.

이처럼 귀납 논증이 주로 사용되는 실험, 관찰, 통계 분야에서 표본에 문제가 있다면 불충분한 근거의 오류에 빠지기 쉽습니다. 과학적 실험이나 통계학에 등장하는 표본의 대표성, 표본 오차라는 개념도 불충분한 근거의 오류를 최소화하기 위해 등장한 분석 기술입니다. 하지만 불충분한 근거의 오류가 표본의 문제에만 국한된 것은 아닙니다. '결정적인 근거'를 제시하지 않을 때도 불충분한 근거의 오류가 발생합니다. 드라마에서도 자주 볼 수 있는 '친자 확인' 과정이 그 예입니다.

누군가 어떤 아이의 친자 여부를 주장하기 위해서 아이의 눈, 코, 입, 귀, 발가락, 손가락, 허벅지, 엉덩이 등 다양한 신체부위가 자신과 닮았다며 법정에서 주장한다면 이는 올바른 논증일까요? 물론 신체의 특정 부위가 닮았다는 점도 친자 확인 과정에서 고려할 만한 근거가 됩니다. 하지만 법정에서 가려야 할 문제라면 더욱더 확실하고 결정적인 근거가 따로 있습니다. 바로 유전자 분석입니다. 오늘날 친자 여부를 확인하기 위해서는 유전자 분석 결과 이외의 근거들은 아무리 많은 숫자라고 해도 근거로서 자격을 상실했습니다. 유전자 분석 결과가 친자 확인을 위한 결정적이고 확실한 근거라는 사실이 상식으로 받아들여지고 있으니까요. 불충분한 근거의 오류를 피하기 위해서는 표본의 문제든, 결정적 근거의 문제든 결국 근거와 주장 사이에 핵심적이고 확실한 뒷받침 관계가 성립해야 합니다.

개그 코너에서 불충분한 근거의 오류를 찾아내는 것은 어렵지 않습니다. 굳이 특정한 개그 코너를 예로 들지 않더라도 위에서 말씀드린 오류의 사례만으로도 충분히 웃길 수 있습니다. 호랑이 10마리를 관찰한 후 모든 호랑이의 색깔을 성급하게 결론짓는 과학자의 행동은 웃음을 주기에 충분한 바보짓입니다. 젊은층 유권자가 압도적인 지역구임에도 불구하고 경로당 여론조사 결과로 자신의 당선 가능성을 주장하는 출마자 또한 똑똑한 척하지만 우리 눈에는 바보로 보일 뿐입니다.

디테일한 개그와 논증의 오류

이와 유사한 내용들은 오래전부터 개그 소재로 꾸준히 사랑받아 왔습니다만, 요즘 개그맨들은 불충분한 근거의 오류를 좀 더 세련된 방식으로 웃음의 소재로 사용하고 있습니다. 소위 '공감대 개그', '디테일 개그'가 그 예입니다. 이러한 개그들은 말 그대로 관객들이나 시청자들이 공감할 수 있는 디테일한 표정, 행동, 상황을 보여줌으로써 웃음을 만들어내는데요, 이때 웃음의 원인이 되는 공감대, 디테일이 바로 불충분한 근거의 오류를 피할 수 있는 '결정적이고 핵심적인 근거'의 역할을 합니다. 우선 「코미디빅리그」의 〈남조선 인민통계연구소〉를 통해서 공부해 보겠습니다.

SBS 「웃찾사」 출신의 개그 콤비 이용진, 양세찬 씨가 각각 교관과 훈련요원으로 등장하는 이 코너에서는 북한의 대남 침투 요원이 남한에 존재하는 다양한 캐릭터들의 디테일을 완벽하게 재현하도록 훈련받는 과정을 보여줍니다. 나이트클럽 웨이터, 편의점 알바, 고기집 알바, 말년 병장, 드라마 속 재벌 2세 등 남한 사회의 다양한 캐릭터들을 결정하는 '작지만 확실한 디테일'을 살리기 위해 대남 침투 요원은 혹독한 훈련을 받습니다. 재벌 2세에 관한 에피소드를 잠시 살펴보겠습니다.

교관: (요원의 연기가 맘에 안 드는 듯 호되게 질책하며) 간나쉐리야!

요원: (짜증내며) 왜 그러십니까?

교관: 남조선 드라마 속 재벌 2세를 그렇게 연기하면 어떡하갔어? 남조선 드라마 속 재벌 2세는 이 상황에서 그딴 식으로 행동하

지 않아!

요원: (계속해서 여러 가지 시도를 해보며 교관의 눈치를 본다.)

교관: (안타까운 듯) 정말 이 정도로밖에 못하갔어? 내가 왜 이러는지 정말 모르갔어?

요원: (잠시 생각한 후 알았다는 듯, 드라마 속 재벌 2세의 디테일한 연기에 성공한다.)

교관: (만족한 듯 박수치며) 그렇디~ 그렇디~ 디테일이디 디테일~ 디테일을 살려야디~

요원은 교관으로부터 합격을 받기 전까지는 불충분한 근거의 오류를 범하고 있는 셈입니다. 남한 사람들이라면 모두 공감할 만한 드라마 속 재벌 2세의 확실하고 결정적인 특징이 있음에도 불구하고 그것을 제대로 제시하기 못했기 때문에, 교관이 볼 때 요원은 불충분한 근거의 오류에서 빠져나오지 못한 것입니다. 결국 요원은 교관의 지도를 받아서 재벌 2세임을 뒷받침하는 확실하고 결정적인 근거를 연기로 보여줌으로써 오류를 벗어나고 교관에게 합격을 받습니다. 요즘 「코미디빅리그」에서 가장 잘 나가는 개그맨들인 이용진, 양세찬 씨는 뛰어난 연기력을 바탕으로 〈양아치〉, 〈라임의 왕〉, 〈캐스팅〉 등에서도 명품 공감대 개그 연

기로 시청자들의 사랑을 받고 있습니다.

공감대 개그와 논증의 오류

〈남조선 인민통계연구소〉에서 확인되듯, 공감대 개그가 성공하려면 출연자들의 연기력이 매우 중요합니다. 공감대와 디테일을 잘 살려야 하기 때문입니다. 그런데, 연기력이 아닌 다른 방식으로 공감대 개그의 웃음 코드를 성공적으로 보여준 코너도 있습니다. 「개그콘서트」의 〈애정남〉입니다. 개그맨 최효종 씨를 일약 스타로 만들어준 〈애정남〉은 공감대 개그라는 장르를 본격적으로 유행시킨 것으로 평가받는 코너입니다. '애정남'은 '애매한 것을 정해 주는 남자'의 줄임말로써, 우리가 일상생활에서 항상 애매하다고 생각해 온 다양한 상황을 제시하고 그 상황에 대한 명쾌한 해결책을 제시하면서 공감을 얻는 내용의 개그 코너입니다. 〈남조선 인민통계연구소〉가 출연자들의 연기력으로 웃음을 준 반면, 〈애정남〉에서는 우리가 공감을 느끼는 일상의 애매한 상황, 그리고 그 상황에 대한 해결책이 너무나도 절묘하기 때문에 깨알같은 웃음이 터집니다. 〈애정남〉은 주로 시각적인 소품을 이용하는데, 보통 아래와 같은 글자판이 등장합니다. '친한 친구의 기준'에 관한 에피소드를 볼까요?

〈친한 친구의 기준〉

1. 그 친구 집에 놀러 갔다.

2. 그 친구 집의 냉장고 문을 열었다.

3. 냉장고 속의 맛있는 음식을 맘대로 꺼내 먹는다.

마치 논증을 연상시키는 구성입니다. 결론은 '친한 친구다'이며, 1~3번의 내용은 전제로 볼 수 있습니다. 친한 친구의 기준은 정말 우리 일상생활에서 명확하게 판단하기가 어려울 정도로 애매합니다. 이러한 상황을 제시하는 것만으로도 이미 웃음을 줍니다. 그런데 애매한 상황에 대한 해결책은 더 큰 웃음을 줍니다. 〈애정남〉이 주장하길, 위의 기준 중에서 1번과 2번은 '친구의 기준'은 될지 몰라도 '친한 친구의 기준'은 되지 못합니다. 3번까지 가능해야 확실하고 결정적인 '친한 친구의 기준'이 됩니다. 그런데 3번도 예외 상황이 있습니다. 친구 집 냉장고 속의 맛있는 음식을 맘대로 꺼내먹었더니 그 친구가 "야! 너 왜 맘대로 먹어?"라고 면박을 주면 그 친구는 아직 나를 친한 친구로 생각하지 않는 것입니다. 즉, 3번은 상대방 친구도 동의해야지 비로소 친한 친구의 충분한 근거로서 자격을 갖게 됩니다.

자, 이렇게 〈남조선 인민통계연구소〉와 〈애정남〉에서 확인한 것처럼 소위 공감대 개그라는 장르에서는 공감을 느낄 수 있는 확실하고, 결정적이고, 디테일한 근거를 제시하여 불충분한 근거의 오류를 극복하는 과정에서 웃음을 만들어냅니다. 공감대 개그의 메커니즘을 불충분한 근거의 오류로 설명한다면 다음과 같은 단계의 공식으로 정리됩니다.

> 1단계: 불충분한 근거의 오류에 빠진 상황을 제시함. (공감을 불러일으킬 만한 확실하고 결정적인 디테일을 제시하지 못함.)
> 2단계: 확실하고 결정적인 근거를 제시하여 오류를 극복함. (공감대와 디테일을 제시하는 데 성공함.)

몇몇 형식적 오류들을 제외하면 좋은 논증과 논증의 오류는 동전의 양면과 같은 관계입니다. 좋은 논증의 조건을 충족하지 못하면 논증의 오류가 되며, 논증의 오류를 극복할 수 있다면 좋은 논증으로 볼 수 있는 확률이 높아집니다. 논증의 오류를 공부하는 목적은 논증의 오류가 무엇인지 확인하는 것에 그치는 것이 아니라, 적극적으로 좋은 논증을 만들 수 있는 능력을 기르는 것입니다. 이번에 살펴봤던 공감대 개그들도 단지 불충분한 근거의 오류를 보여주는 데 그치지 않고, 불충분한 근거의 오류를 극복하여 좋은 논증을 만드는 적극적인 행동으로 웃음을 보여준다는 점에서 논리적인 사고력 공부에 매우 좋은 교재라고 할 수 있습니다.

폭력 영화가 폭력 학생을
만든다는 주장의 오류는?

귀납 논증에 가설 추론도 포함된다. 가설추론이란 발생한 현상을 보고 그 원인을 추론하는 것이다. 그래서 그것은 인과 추론이라고도 불린다. 이러한 가설 추론과 관련된 오류에는 공통 원인 무시의 오류, 거짓 원인의 오류, 본말 전도의 오류 등이 있다. 그중에서 폭력 영화가 폭력 학생을 만든다는 주장은 공통 원인 무시의 오류를 범하고 있다.

폭력 영화와 폭력 학생은 원인과 결과의 관계가 아니라 폭력 사회라는 공통 원인으로부터 기인한 두 개의 결과일 수 있다. 그렇다면 폭력 사회가 공통 원인인데도 불구하고 폭력 영화를 폭력 학생의 원인으로 제시하는 것은 공통의 원인을 무시하는 주장인 것이다. 이와 같이 공통 원인 무시의 오류는 언론이나 방송에서 대표적으로 범하는 오류 가운데 하나이다.

그렇다면 외설적이고 선정적인 게임과 만화가 학생들을 타락시킨다는 주장도 마찬가지의 문제점을 내포하고 있다. 음란한 사회라는 공통의 원인은 제거되고 만화와 학생의 관계만 부각하는 데서 오류가 기인하는 것이다. 우리가 사회 문제를 바라볼 때 이처럼 사회 구조와 자본주의 시스템이라는 구조적인 시각을 갖지 못한 채 개별적인 사건들 사이의 인과관계만 다루는 태도는 이처럼 치명적인 오류를 낳게 된다. 이는 개인주의적 시각의 한계이다. 그래서 우리는 관계를 고민하고 전체적 시각을 강조하는 변증법적 논리학을 공부해야 하는 것이다.

4마당 오류투성이 말장난 개그
애매함과 가정에서 오는 오류

범죄의 재구성과 논증의 오류

검사: 이봐 피의자, 너 요즘도 도박하고 다닌다며?

피의자: 아뇨.

검사: 요즘은 안 해? 그럼 예전엔 했다는 얘기구먼……. 도박죄 추가!

피의자: 예?

—— 〈범죄의 재구성〉, 「개그콘서트」(2006)

케이블 채널 tvN의 인기 프로그램 「롤러코스터」에 〈만약에 극장〉이라는 코너가 있습니다. 「롤러코스터」는 본격적인 개그 프로그램은 아니지만 많은 사람들이 공감하는 웃음 코드가 주 내용입니다. 〈만약에 극장〉은 이름 그대로 상상에서나 가능한 상황이 마치 현실인 양 가정됩니다. 이러한 가정을 참인 전제로 받아들였을 때 일어날 수 있는 다양하고 디테일한 문제 상황들이 나타납니다. 이 지점에서 웃음이 터지게 됩니다. '만약에 우리가 거짓말을 못한다면?'이라는 에피소드에 다음과 같은 상황이 나옵니다.

(결혼식장, 신랑이 하객을 맞이하고 있다. 신랑의 직장 상사가 가족들을 모두 데리고 결혼식장을 찾았다.)

신랑: 오셨어요? 가족분들 다 데리고 오셨네요? 축의금 얼마 하셨어요?

상사: 어, 5만 원 했어!

신랑: 5만 원요? 여기 뷔페가 1인당 5만 원인데…… 겨우 5만 원하시고서는 사모님에다가 애들은 둘씩이나 데리고 오셨어요?

상사: 싼 맛에 가족들 외식도 시킬 겸 데리고 왔지. 이렇게 안 할거면 내가 왜 자네 결혼식에 왔겠어?

신랑: 과장님은 역시 회사 안팎으로 비호감이시네요. 정말 재수 없어요!

상대방의 입장을 고려해서 기분 나쁘지 않게 에둘러 표현하는 일상적인 화법과 매우 달리 이 에피소드에서의 등장인물들은 대단히 솔직합니다. 직설적인 돌직구의 묘미가 살아 있습니다. 솔직한 게 언제나 좋은 것은 아닙니다. 황당하게 넘어지거나 시험을 망친 것처럼 남들에게 숨기고 싶은 부끄러운 행위들이 있는데, 갑자기 친구가 이를 주변 사람들에게 솔직히 말한다면 어떤 기분이 들까요? 그 '진실한'(?) 친구가 정말 얄미울 것입니다. 그래서 우리 삶에서는 사교적인 거짓이 필요할 때가 있습니다. 그런데 이 일화(逸話)처럼 '사람들이 어떤 상황에서도 거짓말을 하지 못한다.'는 가정이 참인 전제가 될 경우에, 그동안 감춰둔 우리의 속마음이 다 드러나게 되지요. 그런 폭로 때문에 깨알 같은 웃음이 일어나게 된 거지요.

〈스크림〉, 〈죽지 않아〉도 이와 같은 유형의 오류를 사용한 개그입니다. 이 코너들은 당연히 거짓인 황당한 상황을 노골적으로 참인 전제로 받아들입니다. 그 전제로부터 황당한 결론들이 도출되는 방식으로 유머가 생겨납니다. 요즘 인기를 끌고 있는 「개그콘서트」의 〈큰 세계〉, 「웃찾사」의 〈부산특별시〉가 그러한 웃음 코드를 활용하고 있습니다.

〈큰 세계〉에서는 '뚱뚱함이 곧 세상을 살아가는 권력이다'라는 엉뚱한 가정을 참인 전제로 받아들이고 있고, 〈부산특별시〉에서는 '부산이 대한민국의 서울이다'라는 거짓 상황을 참으로 받아들입니다. 이러한 전제로부터 일어나는 황당한 상황들이 웃음을 주고 있습니다. 하지만 이러한 개그들이 성공하려면 단순히 거짓된 가정을 참인 전제로 제시하는 것만으로는 부족합니다. 결론 역할을 하는 상황들이 매우 자세하고 디테일하게 제시되어야 합니다. 어차피 전제는 거짓임을 알고 있지만 그 전제 때문에 발생하는 상황들이 마치 진짜인 것처럼 보여야 합니다. 그럴 때 웃음이 생기는 것이죠.

가정을 참인 전제로 가정하는 오류

이번에 공부할 오류는 언어의 애매함과 가정을 전제로 착각하는 데서 기인하는 오류들입니다. 이 오류들은 전제로부터 결론으로의 도출 과정이나 관련성이 아니라 전제 자체와 전제들 사이에 문제가 있는 경우들입니다. 이런 유형에는 크게 두 가지가 있습니다. 첫째로, 전제가 명백히 거짓인 경우입니다. 둘째로 전제의 참과 거짓이 아직 확인되지 않았거나 어떤 내용인지 분명하지 않은 가정임에도 불구하고 전제로 사용된 경우입니다. 거의 대부분의 경우는 이중에서 두 번째 유형에 해당합니다. 여기에는 '애매한 언어를 사용하는 오류', '순환 논증의 오류'나 '선결 문제 해결을 요구하는 오류' 등 다양한 세부 유형들이 존재합니다.

전제가 명백히 거짓인 경우는 어렵지 않게 이해가 됩니다. 다음 예문을 볼까요?

전제: 모든 사람은 죽는다.

결론: 그러므로 사람인 철수는 죽는다.

전형적으로 타당하면서도 건전한 연역 논증입니다. 이미 앞에서 설명했듯이 타당성은 형식적으로 올바르다는 것을 말하고, 건전성은 내용적으로 참으로 확증된다는 것을 의미합니다.

다음 예문을 살펴볼까요?

전제: 모든 사람은 고양이다.

결론: 그러므로 사람인 철수는 고양이다.

형식적으로는 타당한 연역 논증입니다. 전제가 참이라면 결론도 참이 됩니다. 하지만 이 전제는 확실히 거짓입니다. 이 논증은 형식적으로는 타당하지만, 전제가 거짓이기 때문에 거짓된 전제를 참으로 전제하는 오류를 범하고 있습니다. 이 책 앞부분에서 살펴봤던 '연역 논증을 이용한 개그'는 사실 이와 같이 타당성만 갖춘 연역 논증의 문제점을 활용한 것입니다.

거짓된 전제를 사용하는 오류 유형보다 가정을 전제로 사용하는 오류 유형이 더 다양합니다. 그런 만큼 뒤의 유형이 개그에 더 많이 활용되는 방식입니다. 2006년 「개그콘서트」에서 사랑받던 〈범죄의 재구성〉이 이런 유의 대표적인 사례입니다. 다음과 같은 장면을 살펴볼까요?

검사: 이봐 피의자. 너 요즘도 도박하고 다닌다며?

피의자: 아뇨.

검사: 요즘은 안 해? 그럼 예전엔 했다는 얘기구먼……. 도박죄 추가!

피의자: 예?

검사의 결론이 참으로 황당하지만 피의자가 쉽게 반박하기 어렵습니다. 하지만 피의자가 검사의 전제에 주목하여 그 전제에

이의를 제기하면 이런 함정에서 벗어날 수 있습니다. 왜냐하면 검사의 전제가 일종의 함정으로 작용하고 있습니다. 그 이유는 전제가 되는 검사의 질문이 '복합 질문의 오류'를 범하고 있기 때문입니다. 복합 질문의 오류란 두 가지 이상의 질문을 동시에 하여 답변자의 대답이 질문자의 생각대로 이끌어지는 데서 발생하는 오류이다. 그런데 이 오류는 유능한 수사관과 검사가 가장 많이 활용하는 수사 기법이지요. 오류가 이렇게 실제 생활에서는 유용할 수도 있습니다.

일단, 검사의 질문을 두 개의 문장으로 분리하면 두 개의 질문이 합쳐진 복합 질문이라는 점을 쉽게 알 수 있습니다.

복합 질문: 피의자는 요즘도 도박을 하고 있다며?
질문1: 피의자는 과거에 도박을 한 적이 있는가?
질문2: 피의자는 현재 도박을 하고 있는가?

검사가 이와 같은 두 질문을 각각 했다면 피의자는 각각 부정으로 대답하기 손쉬웠을 것입니다. 그러나 검사가 이 둘을 한꺼번에 질문하니 피의자가 단답형을 하면 함정에서 벗어나기 어렵습니다. 그래서 피의자가 이 질문을 두 개로 파악해서 "과거에도 도박을 한 적 없습니다. 그리고 현재에도 도박을 하지 않습니다." 라고 복합적으로 대답을 해야 하는 것입니다. 하지만 이 사례처럼 피의자가 단답형으로 부정적인 대답을 하면 검사가 친 덫에 걸려드는 것이지요.

이렇게 두 가지 질문으로 나누어 보니, 검사가 수사의 필요성에 의해 범한 오류가 쉽게 드러납니다. 검사는 복합 질문을 통해 '피의자는 예전에 도박을 했다'는 가정을 교묘하게 숨기고 있었던 것입니다. 검사는 의도적으로 '요즘'이라는 가까운 과거부터 현재까지의 기간을 나타내는 부사어에 '도'라는 조사를 결합시킵니다. 그래서 '요즘도'는 과거에도 그러하고 현재에도 그러하다는 복합적인 뜻을 지니게 됩니다. 이렇게, 검사는 시제를 복합적으로 물어봄으로써 피의자가 인정하지 않을 사실을 무의식적으로 인정하도록 꾸민 것입니다.

이와 같은 복합 질문의 오류가 수사 기법으로는 바람직하지만 논리학에서는 부정적인 오류일 뿐입니다. 그것이 오류인 이유는 가정을 참인 전제로 의도적으로 상대방에게 숨기고 취급하기 때문이죠. 이와 같이 가정을 참인 전제로 은폐한다면 이는 정상적인 논쟁이나 토론의 규칙을 어기는 것이죠. 가정을 참인 전제로 사용하는 것을 의도적으로 은폐한 것은 아니지만 자신도 모르게 가정을 참인 전제로 착각하는 경우도 있습니다. 예를 들어, 다음과 같은 논증을 살펴봅시다.

> 전제: 사람을 죽인 사람은 사형에 처한다.
> 결론: 그러므로 사형을 집행한 교도관은 사형당해야 한다.

이는 형식적으로는 타당한 연역 논증입니다. 그런데 과연 위의 논증이 건전하다고 할 수 있을까요? 정상적인 사람이라면 이 결론을 결코 받아들일 수 없습니다. '사람을 죽인 사람은 사형이다'라는 전제는 얼핏 보면 매우 당연한 것 같습니다. 이 전제는 참이 아니라 단지 가정일 뿐입니다. 가정이기 때문에 참과 거짓이 명확하지 않은 것이죠. 예를 들어 전쟁에서 적군을 사살한 경우나, 교도관이 사형수를 법적 절차에 따라 처형한 경우는 범죄가 아닙니다. 사형이란 사형죄에 해당하는 범죄를 지어 사형죄를 선고받은 사형수에게 행해지는 것이기 때문입니다. 그러므로 '사람을 죽인 사람은 사형이다.'라는 전제는 가정일 뿐이죠. 이 논증의 경우, 가정을 참으로 받아들였기 때문에 이상한 결론에 도달하게 된 것이죠.

이런 경우와 약간 다르지만 순환 논증의 오류도 참으로 반박하

기 어려운 경우입니다. 양심적 병역 거부에 대한 논쟁에서 흔히 일어나는 논증입니다. 양심적 병역 거부를 인정하자는 입장은 대체로 군복무가 아닌 평화적이고 인도주의적인 대체복무제를 대안으로 제시합니다. 양심적 병역 거부를 반대하는 측과 이에 찬성하는 측 사이에 뜨거운 논쟁이 오가던 중, 반대 측에서 다음과 같은 말을 합니다. "당신들 말대로라면 도대체 누가 군대에 가겠습니까?" 이러한 주장이 왜 오류가 될까요?

이 논쟁의 핵심은 '자신의 의사와 상관없이 의무적으로 군대에 가야 하는 현행 병역제도가 과연 옳은가?'라는 것입니다. 다시 말해 군대에 입대할 의무가 있는 사람에게 양심의 자유를 허락해야 하는지가 논쟁거리입니다. 그럼에도 반대 측은 이런 논점에서 벗어나 군복무 의무자는 양심과 무관하게 무조건 군대에 가야 한다는 가정을 일방적으로 전제하고 이로부터 결론을 내리고 있습니다. 다시 말해서 양심과 상관없이 무조건 군대에 가야 한다는 것이 지금 먼저 결정되어야 할 가정에 불과한 것입니다. 이러한 선결 문제를 해결하지 않고 바로 이를 전제로 제시하면 이처럼 오류가 발생합니다. 다시 말해 선결 문제가 해결되지 않은 채 전제 속에 있어야 할 것이 결론에 다시 나오기 때문이죠. 즉, 아직 참임을 더 밝혀야 할 가정을 참인 근거로 삼는다는 데 문제가 있습니다. 이를 보통 논리학에서는 순환 논증의 오류라고 부릅니다. 또는 선결 문제 요구의 오류라고 부릅니다.

말장난 개그가 웃긴 이유?

대부분의 말장난(말놀이) 개그들이 이러한 유형의 오류를 많이 사용합니다. 10년 전 「개그콘서트」의 최고 인기 코너, 〈깜빡홈쇼핑〉을 기억하시나요? 개그맨 안상태 씨를 일약 스타덤에 올려놓은 코너였습니다. 안상태 씨가 연기한 안어벙 캐릭터는 다양한 말장난 개그가 특기였습니다. 특히 '마데전자'는 최고의 유행어였습니다.

> 김깜빡: 이거 근데 어디 제품입니까?
>
> 안어벙: 뒤를 보면 알 수 있습니다. 뒤를 보니까…… 마데 인 인도네시아(Made in Indonesia).
>
> 김깜빡: 아, 인도네시아 제품이군요?
>
> 안어벙: 그게 아니라, 인도네시아의 마데전자 제품입니다.

안어벙은 메이드 인 인도네시아(Made in Indonesia)에서 '메이드 (Made)'를 독일어 식으로 소리 나는 대로 '마데'로 읽습니다. 이를 마치 회사 이름인 것처럼 말합니다. 이와 같이 언어를 애매하게 사용하여 자기가 원하는 대로 결론을 이끄는 경우도 전제 자체에 문제가 있는 오류입니다. 논리학에서는 이를 '애매한 언어를 사용하는 오류' 또는 '이중 의미의 오류'라고 부릅니다. 위의 에피소드에서는 '마데 인 인도네시아'를 '인도네시아의 마데전자'로 번역했지만 다른 에피소드에서는 '인도에서 네시에 만들어진'이라는 의미로 웃음을 만들기도 했습니다.

이러한 언어 사용에서 기인한 오류 중에 합성과 분할의 오류가 있습니다. "세계 최고의 선수들로 구성된 팀은 세계 최고의 팀이다."라는 논증은 대표적으로 합성의 오류입니다. 세계에서 가장 비싼 선수들로 구성된 팀이 언제나 우승하는 것이 아니라 조직력이 뛰어난 팀이 우승하는 경우도 있습니다. 예를 들어, 세계적으로 가장 우수한 선수들을 비싼 값으로 사 모으는 축구계의 레알 마드리드나 야구계의 뉴욕 양키스도 우승하지 못할 때가 많습니다. 다시 말해 구성원 개개인 모두가 뛰어나다고 해서 그들로 구성된 전체가 뛰어난 것도 아닙니다.

반대로 "아이돌 음악은 형편없으니 아이돌인 누구도 음악성이

부족할 거야."라는 논증은 대표적으로 분할의 오류입니다. 한국 사회의 학벌이라는 사회적 차별 의식이 대표적으로 분할의 오류를 범하고 있습니다. 전체가 뛰어난 것으로 평가받는다고 해서 그 전체를 구성하는 구성원 모두가 동일하게 뛰어난 것은 아닙니다. 거꾸로 약하다고 일컬어지는 선수들이 모여 강팀을 만드는 경우도 있습니다.

지금까지 본 것처럼 언어의 애매함에서 기인하거나 가정을 전제로 속이거나 자신도 모르게 가정을 받아들여 발생하는 오류들이 있습니다. 이러한 오류들은 비록 논리적으로는 오류들임에도 불구하고 개그를 풍성하게 만드는 매력적인 장치들입니다. 변증법적인 관점에서 보면 오류라고 무조건 나쁘고 논리적이라고 무조건 좋은 것은 아닙니다. 수학과 논리에는 분명히 매력이 있습니다. 그렇지만 그 매력의 치명적인 유혹에 빠져 그 외의 것을 지나치게 소홀히 한다면 이것은 편협한 합리주의가 범하는 가장 큰 오류가 됩니다. 논리의 오류와 비(非)논리의 진리를 이해하는 것이야말로 개그만이 아니고 우리의 삶과 세계를 더욱 풍성하게 만드는 예리한 통찰인 것입니다.

신탁의 언어,
애매함의 오류를 범하다

언어의 애매함에서 생겨난 오류에는 애매어의 오류, 애매문의 오류, 강조의 오류, 결합의 오류, 분해의 오류 등이 있다. 그중에서도 애매한 말 때문에 생기는 오류가 대표적인 것이다. 점쟁이의 말이나 신탁의 예언은 언제나 애매하다.

애매한 신탁의 언어를 오해해서 나라와 자신을 망친 왕의 이야기가 있다. 고대 그리스의 역사가 헤로도토스의 유명한 책인 『역사』에 따르면 대제국인 리디아 왕국의 크로이소스 왕은 고대의 중동 지역의 패권을 놓고 전쟁을 벌일 것인가에 관하여 델포이 무녀(巫女)로부터 신탁을 받았다. 그 신탁의 요지는 그가 페르시아에 출병을 하면 대제국을 멸망케 하리라는 내용이었다. 이 예언을 제멋대로 해석한 그는 신흥 세력인 페르시아의 키루스와 전쟁을 벌여 모든 것을 다 빼앗기고 만다.

그러나 결국 신탁에서 말한 대제국은 페르시아가 아니라 리디아였던 것이다. 크로이소스의 문제는 신탁에서 애매하게 남겨놓은 대제국이 실제로 어느 나라를 가리키는지를 더 묻지 않고 자신의 감정이 원하는 쪽으로 해석을 한 것이다. 이렇게 대제국 페르시아의 탄생에도 애매함의 오류가 한 역할을 담당했다. 하하하······.

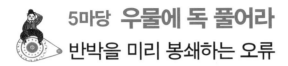

5마당 우물에 독 풀어라
반박을 미리 봉쇄하는 오류

상대방의 반박에 열려 있어야 한다!

박영진: 지금 자꾸 조기 유학 조기 유학 운운하시는데…… 그럼

혹시 조기 축구 아십니까?

박성광: 알지.

박영진: 그걸 아는 사람이 그래~?

박성광: 뭐야?

———〈집중토론〉, 「개그콘서트」(2007)

인간은 합리적인 논증에 설득을 당하기도 하지만 비합리적인

주장에 반박도 못하고 압도당하기도 합니다. 광고라는 매체는 합

리적인 설득이 아님에도 불구하고, 그 물건을 사야 하는 필연적인 근거를 제시하지 않으면서도 대중의 마음을 사로잡습니다. 라면과 유명 야구 선수는 어떤 논리적인 관계도 없습니다. 그렇지만 어떤 라면 광고에는 선풍적인 인기가 있는 야구 선수가 출현합니다. 자동차와 매력적인 여성은 합리적인 관계가 없습니다. 그렇지만 그런 여성이 출현해서 자동차를 사고 싶은 충동을 남성들에게 일으킵니다.

광고가 비합리적인 근거나 전혀 이유 없는 매력으로 사람의 마음을 끄는 것과는 달리, 아예 처음부터 반박을 피하고자 비논리적인 방식으로 의도적인 오류를 범하는 논증 사례들도 있습니다. 그중에는 대표적으로 우물에 독 뿌리는 오류(원천 봉쇄의 오류)와 논점 일탈의 오류가 있습니다. 개그의 사례를 들어봅시다. 박영진 씨와 박성광 씨 콤비가 출연한 대표적인 코너로 〈집중토론〉이 있습니다. 이 코너에서 박영진 씨는 박성광 씨를 공격하면서 툭하면 '그걸 아는 사람이 그래?'라며 박성광 씨의 반박을 차단하고 무시합니다. 이처럼 반론을 봉쇄하는 말이 한때 〈집중토론〉 최고의 유행어이기도 했습니다.

박성광: 조기 유학 문제 매우 심각합니다.

박영진: (말 자르며) 지금 자꾸 조기 유학 조기 유학 운운하시는 데…… 그럼 혹시 조기 축구 아십니까?

박성광: (당황해하며) 알지.

박영진: 그걸 아는 사람이 그래?

황현희: (박영진을 거들며) 그걸 아실 만한 분이 왜 자꾸 그러세요?

박성광: (황당) 뭐야! 지금 조기 축구가 왜 나와?

박영진: 일요일이니까 나오지.

박성광: (황당)

　박영진 씨는 '조기'라는 말이 같다는 점을 근거로 들어 논쟁의 초점을 유학에서 축구로 돌려버립니다. 이러한 오류는 상대방의 반박이 구조적으로 불가능해진다는 점이 특징입니다. 이와 같은 논점 이탈은 논쟁에서 자신의 불리함을 모면하고자 또는 상대방보다 유리한 지점을 차지하기 위해 주로 사용됩니다. 보통 동문서답(東問西答)이라고 알려진 논쟁 기술이지요. 이런 기술에 당하는 박성광 씨는 처음에는 당황하다 나중에는 거의 미치게 되지요. 광고가 매력이라면 이러한 논점 이탈은 혐오라고 할 수 있습니다. 광고에는 설복되어 마음이 끌리게 되지만, 이 논쟁에서는 반박은 못해도 마음은 공감이 아닌 반감으로 가득 차게 됩니다.

앞서 언급했던 〈범죄의 재구성〉에서는 반박을 미리 봉쇄하는 오류가 좀 더 정교하고 그럴듯하게 등장합니다.

검사: 이봐, 넌 군대 간 국민 요정 아이유에게 사기를 쳤어.

피의자: 무슨 소리예요? 난 아이유를 만난 적도 없어요. 그리고 무슨 아이유가 군대를 가요? 아이유가 군대에 갔다고 칩시다. 그런데 군대에 있는 아이유에게 제가 무슨 수로 사기를 쳐요?

검사: 그래서 네가 굉장하다는 거야.

피의자: 네?

'그래서 네가 굉장하다는 거야.' 이와 같이 검사에 의해 피의자는 굉장한 사람으로 규정됩니다. 굉장하기 때문에 상식적으로는 불가능한 일을 해낼 수 있습니다. 그래서 그는 군대에 간 아이유에게 사치 치기가 가능한 것입니다. 피의자가 자신이 결백하다고 반박할 수 없게 됩니다. 이는 전형적인 마녀 사냥 논증법이죠. 중세 서양에서 어떤 여인이 마녀로 몰렸습니다. 그렇게 고발된 이유는 그녀 집 앞 2킬로미터 지점에서 갑자기 마차 바퀴가 빠져 버렸다는 것이죠. 그래서 그녀는 마녀인 것이랍니다. 마녀가 아니면 이런 일이 어떻게 가능하겠어요? 이와 같이 상대방의 정당한 반박을 미리 원천 봉쇄하는 이러한 오류를 논리학에서는 원천 봉쇄의 오류라고 부릅니다. 또는 쉬운 비유로 하면 우물에 독 풀기의 오류라고 합니다.

다음의 사례를 보실까요? 군복무 가산점에 관한 열띤 토론장입니다. 군복무 가산점 제도를 놓고 이에 찬성하는 남자 토론자와 이를 논박하는 여성 토론자가 있습니다.

남자: 군대에 입대해서 나라를 위해 고생한 사람들에게 혜택을 주지 않는다면 이는 얼마나 불공정한 일이겠습니까? 군복무 가산점 제도는 꼭 필요합니다. 이는 남자만의 이기주의가 아닙니다. 여군 출신에게도 똑같은 혜택을 주면 될 것 아닙니까?

여자: 당신이 여자였다면 과연 지금같이 말할 수 있을까요?

여성 토론자의 이러한 논증이 전형적인 원천 봉쇄의 오류에 해당합니다. 이러한 여성 토론자의 말에 의해서 남자 토론자가 순식간에 남성 우월주의자가 될 수밖에 없습니다. 마치 황당한 이유로 마녀로 몰린 여성처럼 반박할 수 없는 덫에 걸리게 되지요. 이러한 원천 봉쇄의 오류는 토론의 핵심적인 쟁점에서 벗어나 비합리적인 근거로 상대방의 반박을 구조적으로 불가능하게 만들어 버립니다. 이는 건전한 대화의 규칙을 어기는 행위입니다.

이 오류가 적용되면 개그는 재미를 유발하지만 실제 상황에서는 대개 끔찍한 일이 벌어집니다. 실제로 우물에 독 풀기 오류라는 이름은 말 그대로 중세 유럽에서 어떤 마을에 불행한 일이 닥치면 기득권 세력들이 유대인을 희생양으로 몰기 위해 우물에 독을 풀었다는 빌미를 내세웠다는 데서 유래합니다. 중세에서 사회적 소수자인 유대인이나 남성의 기득권에 저항하는 뛰어난 여성들을 희생양으로 몬 것처럼, 현대의 독재 국가에서는 독재자나 체제를 비판하는 사람들이 이런 기막힌 오류를 명분으로 숙청당하거나 사형에 처해집니다.

예를 들어 북한에서 반대파는 '종파 행위를 하는 배신자'로 규정되어 처단되었으며, 군사정권 시절의 남한에서 반대파는 '빨갱이나 간첩'으로 몰려 사형을 선고받았습니다. 이러한 반대파 숙청은 냉전 시대의 가장 비극적인 산물이죠. 과연 오늘날 민주화된 우리 사회에서도 이런 마녀 사냥이 없을까요? 혹시 우리 교실 안에서 왕따로 규정되는 학생이 이런 마녀 사냥을 당하고 있는 것은 아닌가요? 우리 사회에서 누가 우물에 독을 푸는 유대인으로 몰리고 있나요?

이와는 반대로 좋은 논증 또는 건전한 대화가 되기 위해서는 상대방의 반박에 열려 있어야 합니다. 상대방의 반박을 미리 예상하여 여기에 재반론을 제시한다면 이는 훨씬 설득력 있는 논증이 될 것입니다. 그러나 앞서 말한 반박을 미리 봉쇄하는 오류는 공정한 게임이 아닙니다. 특히 사회적 강자들이 교묘하게 건전한 논증의 규칙을 위반하면서 상대적 약자들의 반론을 비합리적인 차원에서 미리 봉쇄하기 때문입니다.

이러한 비합리적인 논증, 실제로는 논증이 아니라 유사 논증에는 광고와 마녀 사냥이 대표적입니다. 마녀 사냥은 구조적으로 미리 상대방의 반박을 차단하는 것이고 광고는 반박의 빌미가 될 수 있는 단서를 고의로 누락하거나 과장하기도 합니다. 그러므로 광고는 '오류'라기보다는 '사기'에 더 가깝습니다. 그래서 실제로 과장 광고나 허위 광고는 법적으로 처벌을 받습니다. 자신의 결론에 불리한 특정한 사실이나 정황을 고의로 누락합니다. 게다가 유리한 면들을 최대한 과장하거나 아니면 허위로 가공하여 제시합니다. 사기꾼이 등장하는 개그 코너에서 이런 광고의 문제점이 풍자적으로 잘 나타납니다.

언제나 논란이 많은 보험 광고의 예를 볼까요? 보험 광고의 문제점은 상대방이 긍정적으로 생각할 수 있는 약관이나 특징만을 두드러지게 말합니다. 반면에 상대방이 부정적으로 생각할 만한 단서는 생략하거나 광고 끝 부분에 어영부영 무슨 말인지도 모를 정도로 헷갈리게 만들어버립니다. 대표적인 사례를 약간만 과장해서 논증으로 재구성해 보겠습니다.

전제1 : 보험료는 한 달에 1만 원에 불과하다.

전제2 : 모든 질병을 보장한다.

전제3 : 일정 기간이 지나면 납입한 보험료를 돌려받을 수 있다.

(말하지 않은 전제4): 단, 보장되지 않은 예외적인 질병들은 대단히 광범위하고 다양하다.

결론: 이 보험 가입은 필수이다.

전제1~3은 누가 들어도 긍정적인 내용의 약관입니다. 하지만 전제4는 나머지 3개 전제들의 장점을 단번에 뒤엎을 만한 부정적인 조항입니다. 그럼에도 보험 광고에서는 전제4를 고의로 누락시키거나 거의 눈에 띄지 않게 표현하려고 노력합니다. 이러한 보험 광고를 패러디해서 만들어진 개그도 수도 없이 많을 정도입니다. 허나, 실제 보험 광고만으로도 충분히 웃음을 줄 정도로 어이없고 사기에 가깝습니다.

농담을 배우려면 프로이트에게!

정신분석학자 프로이트도 이와 같이 반박을 봉쇄하는 오류를 그의 연구에서 비중 있게 다루었습니다. 유대인인 프로이트는 유대인 농담을 연구의 재료로 즐겨 사용했습니다. 그중에서도 특히 결혼 중매인이 등장하는 유대인 농담 시리즈가 유명합니다. 결혼 중매인은 결혼을 성사시키기 위해서 당사자들의 장점만을 부각하고 단점은 어떠한 방법을 써서라도 드러내지 않으려 노력합니다. 이런 점에서 과장 광고와 비슷한 문제점을 드러냅니다. 그런데 다음의 농담에 등장하는 결혼 중매인은 어이없게도 한술 더 뜹니다.

결혼 중매인은 젊은 남자의 불평에 맞서 자신이 소개한 처녀를 변호한다. 젊은 남자가 말한다.

"장모 될 사람이 마음에 들지 않아요. 심술궂고 둔하단 말이오."

"그렇지만 장모랑 결혼하는 게 아니지 않소. 딸하고 결혼하는 것이지."

"그렇지만 그 여자는 더 이상 젊지도 않고, 예쁘지도 않아요."

"그건 문제가 안 돼요. 젊지도 아름답지도 않은 만큼 그 여자는 당신에게 더 충실할 테니까."

"돈도 별로 없어요."

"돈에 대해 말하다니? 도대체 돈하고 결혼하는 거요? 당신 여자하고 결혼하는 것 아니오?"

"그렇지만 그 여자는 등도 굽었어요."

"아니, 당신 뭘 원하는 거요? 그러면 그 여자가 아무런 결점도 없어야 한단 말이오?"

이것이 농담(조크)이니까 망정이지 실제의 일이었다면 아마 중매쟁이는 젊은 남자에게 흠씬 두들겨 맞았을 것입니다. 이 조크에서 드러난 것처럼 우선 중매쟁이는 젊은 남성이 소개할 여성에 대해 알고 싶은 정보들을 미리 숨겼을 것입니다. 이는 허위 과장 광고의 기법을 이용한 것입니다. 하지만 젊은 남자가 소개받은 여성과 그 집안에 대한 충격적인 사실들을 알게 되자 중매쟁이는 전형적인 우물에 독 푸는 전략을 구사합니다. 중매쟁이 말대로라면 정당하게 문제를 제기하는 젊은 남자는 아주 아둔하거나 파렴치하고 탐욕스러운 사람으로 몰립니다. 이제 남자 입장에서 더 이상의 추가적인 반박은 자신을 나쁜 놈으로 만들기 때문에 반박 자체가 불가능해집니다. 이러한 원천 봉쇄의 오류는 다른 관점에서 보면 일종의 심리적인 요소에 호소하는 인신 공격의 오류에 해당합니다. 젊은 남자가 반박하는 핵심 주장은 결혼하기 어려울 정도로 여자의 결점들은 총괄적으로 평가할 때 심각하다는 것입니다. 반면에 중매쟁이는 이와 같이 반박하는 남자를 '여자의 어떤 결점도 허용하지 않는 극단적 이기주의자'로 인신 공격을 한 것입니다.

실제 삶이나 개그에서는 약자의 합리적인 논증보다 강자의 비합리적인 논증이 우세할 때가 많습니다. 우리 사회에서는 논리보다 나이가 앞서지요. 여러분도 어른들과 대화할 때 이러한 비애를 느껴본 적이 많이 있을 것입니다. 심지어 시민의 미덕을 강조한 아리스토텔레스나 목민관의 덕성을 강조한 정약용도 노예제를 철학적으로 옹호했습니다. 이러한 주장의 문제점은 비록 시대의 한계일 수는 있어도 그 철학자의 한계는 아닐 수 있습니다. 그러나 오늘날의 관점에서 볼 때 이러한 주장들은 심히 불합리합니다. 따라서 지금에서는 합리적으로 통용되는 이론이나 주장이 먼 미래에서는 아닐 수 있습니다. 우리가 논리를 배우고 오류를 익히는 까닭은 부당함에 대한 비판과 정의로움을 논증하기 위함입니다. 더 나아가 논리로 논리를 극복하기 위함입니다. 그래서 형식 논리학적인 정확성은 변증법적인 통찰력으로 발전해야 합니다.

무지(無知)도
오류의 원인이 될까?

현대 사회에서 상대방의 반론을 미리 봉쇄할 수 있는 가장 효과적인 근거는 과학적인 증거이다. 과학적으로 입증된 것이라고 제시하면 상대방을 침묵에 빠트릴 수 있다. 그렇다면 과학적으로 입증되지 않은 것이라고 해서 그것이 과연 거짓일까? 그렇지 않다. 모르는 것을 근거로 주장하면 안 된다. 이를 어기면 그 논증은 무지(無知)에 호소하는 논증의 오류를 범한 것이다.

종교와 관련해서 이런 오류가 범람한다.

무신론자가 말하기를,

"신의 존재가 과학적으로 증명된 적이 없습니다. 그러므로 신은 존재하지 않습니다."

이에 대하여 유신론자가 반박하기를,

"마찬가지로 신이 존재하지 않는다는 사실이 과학적으로 입증된 것이 없습니다. 그러므로 신은 존재합니다."

그러나 두 사람 각각의 논증은 무지에 호소하는 오류에 해당한다. 이와 같이 현재까지 과학적으로 입증되지 않았다고 해서 이를 근거로 하여 발언을 하면 안 되는 것이다. 현대의 유명한 철학자인 비트겐슈타인 말처럼 "말할 수 없는 것에 관해서는 침묵해야 한다." 그러나 이 말을 오해해서 과학적으로 말할 수 없는 시나 철학은 다 허구라고 주장하는 사람들 역시 무지에 호소하는 논증의 오류를 범하고 있다.

3

셋째 날

웃음에 관한 짧은 철학사

수학과 과학은 논리적 계산을 통해 자연과 세계를 이해하려고 합니다. 여기에 기초가 되는 것이 형식 논리학과 귀납 논리학입니다. 1부에서 개그 코너를 분석하며 이러한 논리적 사고력을 익혔습니다. 또한 2부에서 형식적 오류와 비형식적 오류에 기초하여 개그 코너를 살펴봄으로써 비판적 사고력을 익혔습니다.

이제 우리는 웃음과 유머의 철학으로 입문합니다. 웃음은 사회를 거꾸로 읽는 거울이며 코미디는 삶의 근본 모순과의 유쾌한 화해입니다. 유머는 위대한 정신의 즐거운 훈련입니다. 웃음과 유머, 그리고 코미디의 철학을 통해 개그 코너에 담긴 삶의 의미와 가치를 제대로 음미할 수 있습니다.

실제로 웃음과 유머를 철학적 주제로 본격적으로 다룬 철학자는 그리 많지는 않습니다. 그러나 비극이 언제나 철학자들에게 삶에 관한 문제의식을 던져주듯이, 웃음과 코미디도 다른 의미에서 유사한 철학적 통찰을 제시합니다. 다행스럽게도 쇼펜하우어, 베르그송, 프로이트는 웃음에 관한 체계적인 저술을 남겼습니다. 그래서 이 철학자들의 웃음론을 통해 개그 속에 담긴 삶의 의미와 가치에 대해 성찰할 수 있습니다. 니체는 비록 체계적인 웃음론을 전개하지 않았지만 웃음이 그의 철학에서 차지하는 비중이 대단히 크기 때문에 그를 다루지 않을 수 없습니다. 마지막으로 일반적인 의미에서의 철학자도 아니고 본격적인 웃음론을 지은 것도 아니지만 브레히트의 새로운 극장 개념과 '낯설게 하기' 효과를 위한 기법들도 현대 코미디의 발전에 결정적인 역할을 합니다. 그래서 브레히트를 논하지 않고서는 코미디를 이야기할 수 없습니다.

코미디는 예술의 완결이라는 헤겔의 말처럼, 코미디와 웃음이 없다면 우리 삶의 가장 중요한 예술 형식이 사라질 것입니다.

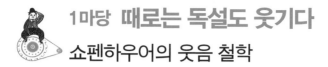

1마당 때로는 독설도 웃기다
쇼펜하우어의 웃음 철학

삶에 집착하는 이들에게 보내는 독설

「코미디빅리그」의 개통령 팀이 만든 코너들 중에 〈죽어도 좋아〉, 〈황천길 닷컴〉은 쇼펜하우어가 말한 '불일치의 웃음'이 잘 드러나는 작품입니다. 저승사자 하면 무시무시한 얼굴로 죽음을 알려주면서 저승으로 끌고 가는 전통적인 캐릭터이죠. 하지만 개그 코너 속 저승사자는 치열한 경쟁 속에서 마치 영업에 목숨을 건 사람처럼 행동합니다. 한 명이라도 더 고객을 만들기 위해 경쟁하는 보험 설계사나 판매 사원처럼 말이죠. 우리가 통상적으로 알고 있는 저승사자라는 개념과 코너에서 그려지고 있는 실제의 저승사자는 기이하게 불일치합니다. 이러한 불일치 효과를 이용해 이 개그는 현대의 치열한 자본주의적인 경쟁 사회를 풍자하고 있습니다.

병으로 쓰러진 노인에게 저승사자가 나타난다.

저승사자: (해맑게 웃으며) 방금 누구 쓰러지셨죠? 안녕하세요. 저승에서 왔습니다. 좋은 길로 모실게요.

노인: 아니, 당신 뭐야?

저승사자: (명함 돌리며) 저승사자 된 지 얼마 안 돼서 홍보 좀 하려고 왔어요. 요즘 저승사자도 경쟁 엄청 치열해요. 요즘 돌아가시는 분들 많아서 엄청 성수기예요.

노인: 그런데, 미안한데……. 우리 집안에 잘 아는 저승사자가 있어서 그분 통해서 저승 가야 돼. 정말 미안해요.

저승사자: 부담 갖지 마세요, 어르신! 꼭 오늘 돌아가시지 않아도 되니까요. 일단 상담이나 한번 받아보세요. 제가 돌아가시기 좋은 날짜 잘 뽑아드릴게요.

죽음과 저승사자라는 무거운 소재와 개념을 보험계약 현장으로 패러디하여 웃음을 주는 재치 있는 개그 코너였습니다. 그런데 단지 불일치한다고 해서 좋은 개그도 아니고 큰 웃음이 나오는 것은 더더욱 아닙니다. 우선 불일치의 정도가 매우 커야 합니

다. 다시 말해서 그 불일치에 대해서 당연히 기대할 수 없고 예상치 못한 것이어야 합니다. 그리고 불일치가 큼에도 불구하고 누구나 인정하는 '그럴듯함', 즉 개연성이 느껴져야 합니다. 〈죽어도 좋아〉의 외판원 저승사자처럼 말이지요. 치열한 경쟁 사회에서 인간마저 스펙으로 자신을 팔아야 되는 우리 사회의 슬픈 자화상이 판매원 저승사자에 투영된 것이 설득력이 있습니다.

만약 저승사자가 영업을 해야 하는 상황이라면 정말로 개그 속 그 이야기처럼 그럴 것이라고 생각될 정도로 디테일이 살아 있어야 합니다. 다시 말해서 그 이야기가 구체적인 설득력이 있어야 합니다. 실력 있는 개그맨이란 이러한 불일치를 자유자재로 다루는 능력을 가진 사람입니다. 이러한 불일치를 가지고 웃음론을 전개한 철학자가 쇼펜하우어입니다.

쇼펜하우어에 따르면 웃음은 "개념과 실제 대상의 불일치에 관한 갑작스러운 지각에서 나온다."고 합니다. 그의 웃음 철학은 칸트와 키르케고르와 더불어 불일치의 웃음론으로 분류됩니다. 모든 웃음은 말이든 행동이든 상관없이 역설적이어야 합니다. 이러한 웃음은 예기치 못한 (개념과 대상 사이의) 포섭에 의해 발생합니다. 그는 이러한 불일치에 바탕을 두고 지독한 독설과 날카로운 풍자의 유머를 통해 삶의 부조리함을 보여줍니다. 삶의 집착에서 벗어나기 위함이죠.

'개념(추상적인 것)과 실제 대상(구체적인 것)의 불일치'라는 말은 처음에 이해하기는 참으로 어려워 보입니다. 하지만 쇼펜하우어가 제시한 사례들을 잘 살펴보면 몇 가지로 분류할 수 있습니다. 비유와 암시, 패러디와 아이러니를 통한 웃음이 바로 그것입니다. 〈밀회〉라는 드라마를 패러디한 「개그콘서트」의 인기 코너 〈쉰 밀회〉를 예로 들어보겠습니다. 우리는 〈쉰 밀회〉를 보기 전에 이미 〈밀회〉라는 드라마에 대한 개념을 갖고 있습니다. 연상녀(김희애)와 연하남(유아인) 사이의 독특한 사랑이 그것이지요.

그러나 〈쉰 밀회〉라는 패러디를 통해 실제로 나타난 '구체적인 것'들은 〈밀회〉에 나타난 것들과는 기발하게 불일치합니다. 예를 들어 연상녀는 실제로 연하인 김지민 씨가 맡고, 연하남 역은 실제로 연상인 김대희 씨가 맡습니다. 〈밀회〉 속에서는 연하남이 너무 어려 연상녀와 대화가 잘 통하지 않을 정도로 세대 차이가 나지만, 반대로 〈쉰 밀회〉에서는 연하남을 맡은 나이 많은 김대희 씨와 연상녀를 맡은 나이 어린 김지민 씨 사이에서 세대 차이가 발생합니다.

김지민: 아인아, 너 왜 이렇게 늦었니?

김대희: 죄송해요. 오는 길에 어떤 할머니가 힘들게 구루마를 끌고 가시길래······.

김지민: (당황) 구루마? (현재는 2014년) 너 94년생인데 어떻게 구루마를 알지?

김대희: (당황) 아니! 저, 구루마가 아니라······ 리아까······.

김지민: (당황) 리아까?

드라마에서 연하남인 유아인은 94년생으로 이제 겨우 스무 살이 된 어린 사람입니다. 그래서 자동차 세대인 유아인은 훨씬 더 예전에 사용된 '구루마'나 '리아까'와 같은 수레의 옛 표현들을 전혀 알지 못합니다. 반면에 연하남 역할을 하는 김대희 씨는 40대의 남자로서 이런 표현에 익숙합니다. 어린 연하남의 '개념'과 그 역할을 맡은 김대희 씨라는 '실제 대상' 사이에 불일치가 일어난 것입니다. 그래서 웃음이 터져 나오는 것입니다.

한국에도 많이 알려진 일본의 유명한 개그맨 진나이 토모노리의 특기도 '불일치'를 활용하는 것입니다. 그의 개그에는 일정한 패턴이 있습니다. 동영상 등 시청각 자료를 활용하여 어떤 '개념'을 제시합니다. 그런 후에 그 개념과 불일치하는 실제 대상을 보여줍니다. 예를 들어 좀비가 나오는 게임 영상이 나옵니다. 그것을 보는 사람들의 머릿속에서는 좀비에 대한 개념이 떠오릅니다. 그런데 얼마 지나지 않아 등장한 실제 좀비는 매우 예의 바른 이상한 좀비입니다. 현관문의 신발들을 가지런히 정리하기도 하고, 생일 축하 케이크를 들고 나오면서 '서프라이즈'를 외치기도 합니다. 이렇게 좀비의 원래 개념과 실제 등장한 좀비 사이에 불일치가 일어나 웃음을 유발하는 것입니다. 유튜브 등 동영상 사이트에서 진나이 토모노리의 영상을 보시면 금방 이해가 될 것입니다.

'카우카우'라는 일본의 개그팀이 만든 〈야쿠자 부자(父子)〉라는 개그 코너도 불일치가 그 웃음 코드입니다. 아들이 야쿠자 거물로 커주기를 바라는 야쿠자 아버지와 그러한 아버지의 마음을 외면한 채 열심히 공부만 하며 예의 바른 행동으로 아버지의 속을 썩이는 모범생 아들이 등장합니다. 이런 기상천외한 발상이 큰 웃음을 줍니다. 보통 '부모 속을 썩인다.'는 개념에는 사고를 치거나, 학교 폭력을 일삼거나, 가출을 하는 등의 행위가 떠오르지요. 이와는 반대로 모범생 아들은 철저하게 모범적인 행동으로 야쿠자 아버지에게 반항하고 속을 썩입니다. 개념과 실제 대상이 기발하게 어긋난 것이지요. 「개그콘서트」의 〈건달의 조건〉이 〈야쿠자 부자〉를 표절했다는 의혹이 일면서 이 코너는 한국에서 더욱 유명해집니다.

삶의 부조리에서 기인한 불일치

쇼펜하우어가 제시한 유명한 프랑스 가스코뉴 지방 농부의 일화가 있습니다. 왕이 매서운 추위의 한겨울에 그의 유일한 의상인 얇은 여름옷을 입고 있는 농부를 보고 비웃었습니다. 그러자 그는 왕에게 다음과 같이 말했다죠. "폐하께서 소인이 입고 있는 옷을 입으신다면 훨씬 따뜻함을 느끼실 것입니다." 그러자 왕은 그에게 무얼 입었는지를 물었습니다. "소인의 의상 전부요!" 농부가 말한 그의 '의상 전부'라는 말은 실제로는 얇은 옷 한 벌뿐입니다. 그래서 이 말은 왕의 엄청나게 많은 의상과 대조되어 그의 얼어가는 몸과 불일치합니다. 이러한 부조리한 지점에서 웃음이 터져 나오는 것이지요.

그는 웃음을 크게 두 가지로 분류합니다. 첫째는 위트입니다. 여기에는 통상 우리가 농담이나 조크로 말하는 것과 개그도 포함됩니다. 이 위트는 보통 프로이트가 의도적인 농담이라고 말한 것과 같습니다. 우월한 관점에서 재치와 기지로 사람들을 의도적으로 웃기는 것을 말합니다. 앞선 언급한 가스코뉴 지방 농부의 일화가 이러한 위트의 대표적인 사례이지요.

둘째는 바보스러움입니다. 보통 우리나라 개그계에서는 바보짓이라고 불리는 웃음 코드이지요. 바보가 나타내는 불일치는 전혀 비자발적이고 비의도적인 것입니다. 영구와 맹구와 같은 바보 캐릭터가 언제나 우리에게 웃음을 주는 것처럼 말이지요.

바보들은 바보가 아닌 것처럼 행동해도 결국 바보임이 드러나게 마련이지요. 그 바보들을 보며 웃는 우리 자신 스스로도 바보라는 것을 깨달아야 합니다. 그렇지 않을 때 쇼펜하우어의 독설을 피할 수 없습니다.

앞에서 논증의 오류를 공부할 때 〈깐죽거리 잔혹사〉를 예로 들었던 것을 기억하시나요? 그 코너에서 개그맨 조윤호 씨는 자기의 생각과 불일치하는 세상 때문에 곤란을 겪습니다. 머릿속으로 고안해 낸 필살기는 모두 거부되고 오히려 매번 역습을 당합니다. 하지만 우리는 조윤호 씨의 바보짓을 보며 즐거워합니다.

쇼펜하우어는 그가 미국의 한 해방된 흑인에 관하여 언급한 바 있습니다. 그 흑인은 모든 면에서 백인을 모방하려고 애를 썼지요. 그래서 자신의 죽은 아이에 관한 묘비명에 다음과 같이 썼죠. "나의 사랑하는 일찍 저버린 백합." 하얀 꽃을 대표하는 백합과 죽은 흑인 아이는 기묘한 불일치를 자아냅니다. 여기서 웃음 코드가 있지요. 하지만 이 농담은 쇼펜하우어가 일종의 오리엔탈리즘(열등감에 의해 유색인종이 백인을 맹목적으로 모방하려는 바보 같은 태도)을 신랄하게 풍자하기 위한 것입니다.

웃음은 이렇게 생각과 경험의 불일치에서 나옵니다. 다시 말해서 웃음 유발이 되는 이유는 관념과 현실이 일치하지 않기 때문이지요. 이러한 불일치는 소외된 시민들의 부조리한 현실과 고통스러운 삶, 그리고 지배 세력의 위선적인 도덕의식과 우월의식 사이의 괴리에서 기인한다고 볼 수 있어요. 예를 들어 구체적인 현실(착취와 빈곤으로 고통받는 농부의 얼어붙은 몸)로부터 출발해서 추상적인 개념(한 벌뿐인 의상 전부)으로 나아가는 불일치는 위트적인 유머입니다. 반대로 추상적인 개념(백인 중심의 사회구조 속에서 생길 수밖에 없는 백인 모방)으로부터 시작해서 구체적인 사물(백합이라고 불리는 사망한 흑인 아이)로 귀결되는 불일치는 바보짓의 유머입니다.

우리가 웃음에 관하여 첫 번째로 만난 사상가는 독일의 유명한 철학자 쇼펜하우어입니다. 첫 번째로 만나보는 이유가 있습니다. 염세주의자로 알려진 쇼펜하우어는 역설적이게도 베르그송과 더불어 웃음론을 철학적으로 다룬 대표자입니다. 자신의 대표작인 『의지와 표상으로서의 세계』에서 웃음에 관한 분석(1권 13장과 2권 8장)을 하고 있습니다. 실제로 코미디의 대가인 찰리 채플린이 가장 애독하고 언제나 다 읽기를 소망한 책이 쇼펜하우어의 『의지와 표상으로서의 세계』라고 합니다. 채플린에게 이 책은 성경이

나 다름없었다죠.

쇼펜하우어에게 웃음이란 세상에 대한 부조리함과 인생의 고통을 폭로하는 주요한 방식인 것입니다. 마치 채플린의 무성 코미디 영화도 폭로라는 점에서는 마찬가지이지요. 채플린은 주로 현대 자본주의 사회의 부조리와 여기서 살아가는 인간의 소외된 삶을 그렸지요. 그는 라이프니츠가 주장한 것처럼 세상과 인생이 최선의 상태라는 것을 부정합니다. 다시 말해 삶과 세상에 집착

할 필요가 없다는 실상을 꿰뚫어본 것입니다. 그래서 동양철학에 밝았던 정신분석학자 카를 융은 쇼펜하우어를 서양의 사상사에서 삶이 최선의 상태가 아님을 고발한 용기 있는 최초의 철학자라고 생각합니다.

쇼펜하우어가 세상과 삶을 부정적으로 보았다는 점에서 후세 사람들은 그에게 염세주의 철학자라는 꼬리표를 붙였습니다. 쇼펜하우어는 버트런드 러셀을 비롯한 수많은 전기 작가들로부터 식탁에서 탐욕적으로 음식을 즐기며 자살을 예찬한 자라는 오명을 듣습니다. 하지만 이는 쇼펜하우어를 잘못 이해한 것입니다. 그는 조화롭지 않은 세상에 절망하지 않았습니다. 염세주의란 삶의 집착을 비판하는 일종의 철학적인 방편인 것입니다. 그가 웃음과 유머를 철학적으로 다룬 이유가 여기에 있습니다. 웃음과 유머는 일종의 부정을 통한 긍정이지요. 물론 이러한 태도는 그의 영향을 절대적으로 받은 니체의 철학에서 더 잘 드러납니다. 마찬가지로 그의 영향을 절대적으로 받은 채플린도 부조리와 소외를 익살과 해학으로 승화합니다.

쇼펜하우어는 인도의 철학 고전인 『우파니샤드』를 항상 자기 책상 위에 펼쳐놓고 잠들기 전에 읽었다고 합니다. 그의 철학에는 인도 철학과 불교 철학의 혜안이 담겨 있습니다. 그래서 우리나라 사람들이 가장 많이 읽은 철학자 중의 한 명으로 꼽히기도 합니다.

그런데 『우파니샤드』와 불교는 삶의 고통과 고통으로의 해탈을 강조하기는 해도 염세주의적이지 않습니다. 염세주의적인 태도는 삶과 욕망에 집착하는 태도를 치유하기 위한 방편인 것입니다. 도리어 깨달음의 차원에서는 삶의 기쁨을 노래합니다. 운문선사는 이를 "매일 매일이 좋은 날(日日是好時)"로 표현합니다.

지금까지 개그 사례와 함께 공부해 본 쇼펜하우어의 웃음론은 쇼펜하우어 철학의 축소판입니다. 그의 대표작 『의지와 표상으로서의 세계』를 읽는 것은 쉬운 일이 아니지만, 적어도 그의 웃음론을 이해했다면 이 거작을 읽을 수 있는 기초를 닦은 셈입니다. 쇼펜하우어는 삶에 대한 집착을 유머로 승화했습니다. 그렇다고 해서 깨달음과 유머가 부조리한 사회나 모순의 현실을 직접 바꿀수는 없어요. 하지만 부조리와 모순을 통찰하고 이러한 부당함을 정당화하는 허위의식을 고발할 수는 있습니다. 이것이 저항과 전복의 출발점이 됩니다. 그래서 우리는 허위의식에 독설을 가하고, 부조리의 삶을 풍자하는 웃음의 철학자 쇼펜하우어를 사랑하지 않을 수 없습니다. 이러한 그의 웃음론은 앞으로 이어 살펴볼니체, 베르그송, 프로이트, 브레히트 등 후대의 사상가들에게도큰 영향을 미쳤습니다.

너무나 인간적인
쇼펜하우어

쇼펜하우어의 인간성과 행동에 대한 주류 학자들의 평가는 쇼펜하우어 못지않게 독설적이고 풍자적이다. 바이셰델의 『철학의 뒤안길』에 기록된 쇼펜하우어 이야기는 자못 충격적이다. 이런 부정적인 평가 덕분에 쇼펜하우어 철학은 제대로 이해될 기회를 얻지 못한 경우가 많았다. 하지만 쇼펜하우어의 너무나 인간적인 모습 때문에 그의 철학까지 버리면 '목욕물과 더불어 아이까지 버리는 오류'를 범할 수 있다.

그래도 바이셰델과 같은 전기 작가 덕분에 쇼펜하우어의 이면을 볼 수 있다. 그는 쇼펜하우어의 철학을 '사악한 통찰력'이라고 규정했다. 그러나 쇼펜하우어가 자신을 비난하는 사람들에 대해 불만을 터트린 대로, 그 자신은 성인군자가 아닌 인간이다. 그럼, 바이셰델의 말을 빌려 그 인간적인 모습을 한번 보자.

"아르투르 쇼펜하우어는 …… 스스로를 '인간 혐오자'라고 불렀다. 한때 유명한 여류 작가였던 그의 어머니 요하나 쇼펜하우어는 아들의 '비뚤어진 심성'을 매우 한탄하였다. …… 쇼펜하우어는 그의 동료들이 자신에게 나쁜 짓을 할 것이라고 생각하여 항상 의심스런 눈으로 주위를 경계했다. 그는 침실에 항상 무기를 준비해 두고 있었다. …… 누군가 그에게 가까이 다가가기만 해도 그는 폭력을 휘두르기까지 했다. …… 얌전한 여자가 수다를 떨어 그를 방해한다고 그녀를 바닥에 내동댕이친 적도 있었다. 그 일로 인해 그녀는 평생 불구로 지내게 되었고, 쇼펜하우어 자신도 평생 보상의 의무를 지게 되어 두고두고 자책감과 경제적인 부담으로 괴로워했다. …… 함께 생활한 유일한 존재는 그가 아꼈던 충실한 푸들 강아지뿐이었다."

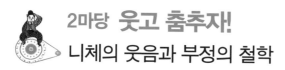

2마당 웃고 춤추자!
니체의 웃음과 부정의 철학

지혜는 즐겁다!

개그콘서트 〈네 가지〉는 기존의 잘못된 가치와 왜곡된 편견으로부터 생겨난 열등감을 적극적으로 극복하는 4명의 남자 캐릭터를 보여줍니다. 네 주인공이 기성의 가치들을 가차 없이 난도질하는 장면에서 커다란 웃음을 준 코너입니다.

"우리는 세상 모든 여자들이 싫어하는 조건을 한 가지씩 도합 4가지를 가진 남자들이다."
"세상은 왜 뚱뚱한 남자를 싫어하는가!(김준현)"
"세상은 왜 인기 없는 남자를 싫어하는가!(김기열)"

"세상은 왜 키 작은 남자를 싫어하는가!(허경환)"

"세상은 왜 촌티 나는 남자를 싫어하는가!(양상국)"

4명의 남자들은 차례대로 자신들에 대한 여성들의 편견을 디테일하게 재현합니다. 예를 들어 개그맨 김준현 씨는 뚱뚱한 체형과 외모 때문에 겪게 되는 오해와 편견의 사례들을 시시콜콜 방청객에게 들려줍니다. 어느 날 김준현 씨는 하루 종일 굶어서 '설렁탕 특'을 주문합니다. 그런데 식당 주인은 이런 사정도 모른 채 '설렁탕 특'을 마치 뚱뚱한 김준현 씨만을 위한 특별식으로 간주합니다. 이러한 세상의 편견에 대하여 김준현 씨는 불만을 터뜨리는 것에 그치지 않습니다. 오히려 그러한 대중들의 선입견, 대중들의 오해가 잘못된 것임을 조목조목 따지고 비판합니다. 여기로부터 통쾌한 웃음이 터져 나옵니다.

특히 김준현 씨는 항상 마지막 장면에서 "누굴 진짜 국민 돼지로 아시나? 오해하지 마라, 이래 봬도 마음만은 홀쭉하다."라는 유행어로 앙증맞게 마무리합니다. 이러한 역설적인 멘트로 인해 가치가 뒤집힌 세상이 다시 뒤집어지는 효과가 나타납니다.

마찬가지로 다른 3명의 개그맨들도 김준현 씨의 마지막 멘트처럼 세상을 향해 일갈(一喝)을 내뱉습니다.

"오해하지 마라, 이래 봬도, 나, 양상국보다 인기 많고 출연료 비싸다!"

"오해하지 마라, 이래 봬도, 마음만은 턱벌시다!(특별시의 경상도 발음)"

"오해하지 마라, 이래 봬도, 키는 작아도 이 정도 생겼으면 되잖아!"

보통, 뚱뚱하고 인기 없고 촌스럽고 키 작은 남자는 실패자(루저)로 간주됩니다. 하지만 이들은 유머를 통해 이러한 가치 판단에 저항하고 이를 전복하려고 합니다. 이런 가치 전도(顚倒)에 의해 기존 가치 평가가 거꾸로 문제임이 드러납니다. 뚱뚱한 것이 문제가 아니라 뚱뚱함을 죄악시하는 것이 문제였던 것입니다. 촌스러운 것이 문제가 아니라 촌스러움을 비웃는 것이 문제였던 것입니다. 키 작은 것이 문제가 아니라 키 작음을 조소하는 것이 문제였던 것입니다. 인기 없는 것이 문제가 아니라 인기 없음을 비정상으로 모는 것이 문제였던 것입니다.

정상과 비정상을 나누고, 비정상을 이상으로 내모는 것이 잘못된 가치 평가의 메커니즘입니다. 이러한 기성 가치관에 물든 사람들은 비정상으로 규정된 자들을 비웃고 조롱합니다. 이를 통해 그들은 자신들이 우월하다는 쾌감을 느낍니다. 이렇게 길을 잘못든 웃음은 이분법적인 흑백논리에 기원한 것입니다. 이를 계보학적으로 잘 분석하여 망치와 다이너마이트로 뒤집힌 가치를 다시 뒤집으려고 시도한 철학자가 니체입니다. 가치의 전도라는 말 자체가 그가 유행시킨 구호입니다. 왜냐하면 그는 동시대의 유럽을 거대한 정신병원이라고 생각했기 때문입니다. 비정상이 이상(異常)이 아니라 비정상을 조작하는 정상이 이상이라는 것이죠. 다시 말해 유럽이 일종의 심각한 질병에 걸려 있다는 것입니다.

그 질병에 대한 진단으로 니체는 도덕이 삶을 부정한다고 단언합니다. 그에게는 이러한 도덕에 대한 도전이 질병을 치유하는 방식입니다. 이는 자신이 사는 시대를 그 시대 안에서 반(反)시대적인 것으로 되게 하는 것을 말합니다. 반시대적이라는 것은 일종의 가치의 전도를 위해 다이아몬드와 같은 단단함으로 부수는 망치로 표현될 수 있어요.

니체는 그의 자전적 에세이인 『이 사람을 보라』에서 위대한 인식의 이중적인 시선으로 바라보는 명제를 제시합니다. "도덕적 인간은 생리적인 인간보다 본체계에 더 근접하고 있는 것은 아니다. 왜냐하면 본체계는 존재하지 않기 때문이다." 본체계라는 사물 자체의 세계는 존재하지 않습니다. 다시 말해 도덕과 종교가 제시한 참된 세계는 허구라는 뜻이지요. 이런 이유로 도덕적인 인간은 반(反)자연적인 인간일 뿐입니다. 그렇다고 해서 그가 생리적이고 충동적인 인간보다 더 삶의 실상에 접근하는 것은 아닙니다. 도덕적인 인간은 삶을 부정하지만 생리적인 인간은 삶에 집착합니다. 따라서 우리는 다시 도덕적인 인간만이 아니라 생리적인 인간도 극복해야 합니다.

그래서 니체는 앞에서 언급한 명제에서 삶에 집착하는 시각에 대한 반작용으로 삶을 부정하는 시각으로 바뀐 후, 다시 삶을 부정하는 시각이 긍정의 시각으로 전환되는 이중적인 시선을 읽어냅니다. 이 이중적 시선이 위대한 인식의 특징이지요.

니체는 그 명제를 역사적인 인식의 망치질에 의해 단련하기를 희망합니다. 이러한 망치질을 그는 '가치의 전도'라고 부릅니다. 이 망치질에 의해 "이 명제가 …… 단단해지고 날카로워지면 언젠가는, 아마도 미래의 언젠가는, 1890년에는!, 인류의 '형이상학적 욕구'의 뿌리를 발본색원하는 도끼가 될 것"이라고 선언하지요. 이러한 도끼질이 결국 도덕과 형이상학이라는 질병에 대한 치유의 과정입니다.

그래서 니체는 이러한 치유를 일종의 인식의 훈련이자 마음의 도야로 간주합니다. 그래서 그에게 이러한 인식이 '즐거운 학문 (La gaya scienza)'입니다. (본래 이 '라 가야 스키엔자'는 10세 초반의 음유

시인들이 시 예술을 지칭하는 프랑스 남부의 프로방스 방언이었습니다.) 즐거운 학문이란 삶의 긍정적인 지혜입니다. 니체는 이를 즐거운 지혜라고도 부릅니다. 이러한 지혜는 삶에 대해서 "예."라고 말합니다. 니체는 웃음론을 별도로 논의하지 않고 그의 저술 전체에 산발적으로 다루었습니다. 그래도 그의 『즐거운 학문』(1882년)이라는 저서에는 웃음에 관한 상당한 고찰이 담겨 있습니다.

웃음은 건강하다!

개그콘서트의 〈10년 후〉는 이러한 '삶의 긍정'에서 나오는 따뜻한 웃음을 보여주는 흔치 않은 개그 코너입니다. 개그맨 허안나 씨는 남편 없이 홀로 유치원생 아들을 키우며 힘들게 시장통에서 장사를 하는 여인의 역입니다. 개그맨 권재관 씨는 허안나 씨의 사채 빚을 받아내려는 건달 역입니다. 그는 10년 동안 매일같이 허안나 씨의 가게로 찾아와 행패를 부립니다. 어찌나 매일같이 찾아오는지 허안나 씨는 권재관이 행패를 부리는 패턴에 익숙해졌습니다. 거기에다 그녀는 그의 행패를 가게에 필요한 작업과 절묘하게 연결하는 능력도 발휘합니다.

예를 들어 권재관 씨가 10년 동안 하루도 빼놓지 않고 허안나 씨 생선가게에 찾아와 소금 가마니를 찢어 소금을 흩뿌리며 행패를 뿌립니다. 그때 허안나 씨는 절망하거나 좌절하지 않고 그 소금들을 잽싸게 받아 생선을 절이는 데 사용합니다. 게다가 권재관 씨도 허안나 씨의 이러한 긍정적인 태도에 자신도 모르게 매료되어 거꾸로 가게 일을 돕기도 합니다. 한참 행패를 부리다가도 손님이 와서 고등어를 찾으면 그는 대단히 익숙한 솜씨로 생선을 다듬어주는가 하면, 자신의 행패로 어질러진 가게를 깨끗이 정리하기도 합니다.

권재관: (행패 부리며) 사람이 말이야, 돈을 갚아야 될 거 아냐!

손님: 고등어 물 좋은 거 안 들어왔어?

권재관: 구이? 조림?

손님: 조림

권재관: (익숙하게 다듬어 포장하고 멍게까지 얹어주며) 멍게는 서비스~.

앗! 악덕 사채업자가 가게 도우미로 변신했네요. 게다가 그는 허안나 씨의 아들이 공부를 열심히 안 한다며 마치 '아버지'처럼 꾸짖고 타이르기도 합니다. 마침내 권재관 씨는 마치 허안나 씨의 남편이 되기라도 하는 양, 아이의 아버지처럼 행동하는 자신의 모습을 발견합니다. 이 코너는 요즘 인터넷 상에서 유행하는 '츤데레' 캐릭터를 웃음으로 보여줍니다. 이로써 악덕과 좌절로 인해 부조리하고 아픈 삶을 위대한 긍정의 웃음으로 승화시킵니다.

쇼펜하우어의 독설과 풍자가 삶에 집착하는 사람들에게 대한 경고이자 치유라면 니체는 본격적으로 삶을 긍정하는 기쁨의 유머와 즐거운 웃음을 보여줍니다. 도덕적인 질병을 치료하는 위대한 건강으로서의 유머, 즐거운 지혜로서의 웃음이야말로 가장 니체적인 것입니다. 웃음은 고상한 인간을 위한 가장 좋은 교육 수단입니다. 니체의 말처럼 유쾌함과 웃음이 주도하는 경우에는 이성적인 사유가 가르칠 것이 없습니다. 이성과 과학은 쇼펜하우어가 말한 표상의 세계에 관한 것이지 의지의 세계는 아닙니다. 따라서 삶의 알맹이가 아닌 껍질에 불과한 것을 탐구하는 것이죠.

실제로 니체는 쇼펜하우어의 『의지와 표상으로서의 세계』를 읽고 자신의 학문적 과제를 문헌학에서 철학으로 전환합니다. 그만큼 쇼펜하우어의 영향력은 니체에게 큰 것입니다. 하지만 그는 자신의 저서 『우상의 황혼』에서 말하기를,

"쇼펜하우어가 했듯이 '의지와 표상'만을 가지고서 삶을 부정하지 말고, 염세주의 논리에서 한 걸음 더 나아가야만 한다. 가장 먼저 쇼펜하우어를 부정해야만 한다. 덧붙여 말하자면, 염세주의는 전염성임에도 불구하고 한 시대, 한 종족의 병적 상태를 증대시키지는 않는다. 즉, 그 병증에 대한 표현일 뿐이지, 콜레라에 걸리듯 삶들은 염세주의에 걸린다."

그러나 이러한 니체의 말을 쇼펜하우어에 대한 비판으로 이해해서는 안 됩니다. 실상, 니체가 공격하는 것은 쇼펜하우어의 철학을 오해하는 사람들입니다. 삶의 집착에서 벗어나라고 해서 이상이나 초월의 세계로 나아가서는 안 된다는 것이지요. 필요한 것은 다시 삶을 긍정하는 것입니다. 이런 의미에서 니체는 쇼펜하우어 철학의 완성자입니다. 그러므로 그는 비판을 통해 감사를 표한 것이지요.

또 하나의 비슷한 예를 들자면, 니체는 초기에 바그너한테 감명을 많이 받고 오랫동안 함께 지낼 정도로 절친했지요. 그렇지만 니체는 자기-극복, 자기-부정을 통해 바그너의 사상과 음악을 넘어섰어요. 그래서 그는 바그너를 일종의 자신의 병증의 하나라고 봅니다. 이러한 질병의 치유가 자신의 가장 큰 체험이라고

삶을 긍정하는 기쁨의 유머와 즐거운 웃음의 철학을 보여준 철학자 니체.

합니다. 그런데도 그는 『바그너의 경우』에서 다음과 같이 말합니다.

"내가 바그너라는 질병에 감사하고 싶지 않다는 것은 아니다. 이 글에서 바그너가 해롭다고 주장하면서도 나는 그가 누구에게 필요 불가결한지에 대해서도 주장하고자 한다. 즉 그가 철학자에게 필요 불가결하다는 것을."

니체가 진단하기에, 현대는 아직도 실존의 코미디는 아직 의식되지 않은 채, 도덕과 종교가 지배하는 비극의 시대입니다. 그래서 웃음은 미래입니다. 웃음은 즐거운 지혜와 연결되기 때문입니다. 이러한 이유로 윤리 교사는 우리가 실존에 관하여 웃지 않기를 바라고, 우리 자신에 관해 웃지 않기를 바랍니다. 이는 자연의 과정을 오인하고 그 조건들을 부인한 데서 비롯된 것입니다. 그래서 니체는 도덕과 종교는 반(反)자연적인 것이라고 봅니다. 니체에게 그들이 만든 '참된 세계'는 결국 꾸며낸 이야기에 불과한 것이지요.

움베르토 에코의 유명한 소설인 『장미의 이름』에서 수도원의 연쇄 살인범은 경건함을 위해 웃음을 억압하려는 늙은 신부님이었습니다. 웃음에 관한 코미디의 책을 본 수사들은 그에 의해 죽음을 맞이하게 됩니다. 그렇습니다. 웃음은 경건함을 가장하는 무리에게 가장 큰 공포인 것입니다.

이런 이유로 니체에게 웃음은 인생의 짧은 비극을 영원한 코미디로 바꿔주는 교정제이자 치유제입니다. 아이스킬로스의 말을 빌려서 니체는 "무수한 웃음의 파도가" 비극적 인생관을 부순다고 말합니다. 진정한 비극적 예술가란 디오니소스적인 것이어서 고통스러운 삶을 긍정합니다. 그는 『우상의 황혼』에서 이를 다음과 같이 요약합니다.

"비극적 예술가는 염세주의자가 아니다. 즉 그는 의심스럽고 끔
찍스러운 것을 모두 긍정한다. 그는 디오니소스적이다."

왜 니체 책은 읽기가
불편하고 분노가 일어나는가?

니체는 과장법을 통해 자신조차도 웃음거리로 만드는 대단한 재주가 있다. 한 가지 예를 들면, 『이 사람을 보라』에서 니체는 '나는 왜 이렇게 현명한지', '나는 왜 이렇게 좋은 책들을 쓰는지'라고 쓰고 있다. 왜 니체는 평범한 학자처럼 자신을 겸손하게 표현하지 않을까?

니체는 원한 감정에서 기인하는 분노를 극복했다. 그래서 그는 인간 혐오자가 아니다. 도리어 그는 인간의 위대한 잠재성을 찬양한다. 이러한 가능성을 가로막는 장애물인 전통 도덕을 비판하지 않을 수 없다. 그는 잠자고 있는 모든 이들을 깨울 필요가 있었다. 하지만 기성 윤리에 젖어 있는 사람들에게 니체의 비판이 먹힐 리가 없었다.

그래서 그에게는 일종의 도발이 필요했다. "기독교에 대한 맹목은 범죄 중의 범죄입니다. 즉 삶에 대한 범죄인 것입니다." 이와 같이 도발적으로 그는 예수를 욕하고 소크라테스를 비난하며 플라톤을 꾸짖었다. 이러한 도발이란 망치이며 다이너마이트와 같은 분쇄용 도구일 뿐이다. 도발은 언제나 과장적이고 그 자체로 우스꽝스럽다.

니체의 과장적 스타일을 이해하지 못한다면 그의 글을 읽기가 너무나 불편하다. 혹시 니체 책을 집어들었다가 그 스타일 때문에 화가 나신 분이 있다면 이제부터는 그럴 필요가 없다. 그 불편함과 분노가 바로 니체의 도발이 노린 효과인 것이다.

니체는 앞에서 언급한 책 마지막에서 또다시 우리를 도발한다.

"나를 이해했는가? 디오니소스 대 십자가에 못 박힌 자……."

3마당 인간은 왜 웃는가?
베르그송의 웃음론

기계 부품이 되어버린 현대인을 치유하는 웃음

「개그콘서트」의 〈누려〉는 고된 요식업으로 고생 끝에 부자가 된 어떤 가족이 고급 식당에서 겪게 되는 '부적응'에 관한 이야기입니다. 이 기본 주제를 바탕으로 각각의 에피소드마다 설정이 조금씩 바뀝니다. 예를 들어 그들이 과거에 했던 요식업이 중국집, 수산물 식당, 붕어빵 노점, 숯불구이 고기집 등으로 설정됩니다. 그들이 부적응을 보이는 주 무대인 고급 식당의 종류도 매번 약간 달라집니다. 그래도 기본적인 웃음 코드는 동일합니다.

이 코너에 적용된 기본적인 웃음 코드는 '부적응'입니다. 다른 말로 하면 유연성과 적응력이 떨어지는 '경직성'입니다. 경직성에 바탕을 둔 웃음 코드는 「논술 개그」 공연의 〈김선생〉이라는 코너를 통해 '연역 논증'의 웃음 코드로 언급이 된 바 있습니다. 이런 식으로 연역 논증을 기계적으로 이용한 개그 코너에는 〈스크림〉, 〈죽지 않아〉 등이 있습니다. 이 코너들은 행동보다는 인간의 사고에 나타난 경직성을 웃음 코드로 조작한 사례에 해당합니다. 다시 말해서 연역 논증의 한 형식을 그 내용의 건전성을 확인도 하지 않은 채 무조건적으로 적용하는 것입니다. 이것은 유연한 삶이 아닙니다. 오히려 기계의 작동방식과 동일합니다. 컴퓨터가 법조문대로 판결하는 것과 마찬가지입니다. 그 이론적인 배경은 전에 이야기를 했듯이 프랑스 철학자 앙리 베르그송의 『웃음』이라는 인문학 고전입니다.

베르그송은 『웃음』이라는 책에서 대단히 명확한 웃음 이론을 제시합니다. 웃음은 한마디로 인간적인 것입니다. 즉, 인간을 소재로 한다는 것입니다. 인간이야말로 웃는 유일한 동물이자 웃음의 대상이 되는 유일한 동물입니다.

또한 웃음의 가장 큰 적은 감정(공감)입니다. 연민을 느끼는 자를 보고 웃을 수 없습니다. 연민을 괄호 속에 넣고 무관심으로 무장할 때에야 웃음을 터뜨릴 수 있습니다. 내가 사랑하는 사람이 넘어졌을 때, 웃기보다는 걱정이 앞섭니다. 그러나 마음에 안 드는 친구가 넘어지면 우스꽝스러워 웃음이 터져 나옵니다. 그래서 우리는 자신이 웃음의 대상이 되는 것을 대단히 싫어합니다. 실제로 자신이 웃음거리가 되면 커다란 분노가 일어납니다.

이런 관점에서 보면 순수하게 지성적인 인간들로 구성된 사회에서는 더 큰 웃음이 있을 수 있습니다. 하지만 다른 사람의 아픔에 공감하며 눈물을 흘리는 일은 없을 것입니다. 극도로 정서가 민감한 사람들로 구성된 사회는 웃음을 알지도 못하고 이해하지도 못할 것입니다. 이렇듯이 감정이입을 할 경우 비극적으로 보이는 드라마도 무관심한 관찰자의 눈으로 보면 코미디로 바뀔 것입니다. 비극의 주인공은 인간적 개성이 드러나는 고유명사라면 코미디의 주인공은 추상화된 보통명사입니다. 간단히 말하면 웃음은 비정(非情)한 것입니다.

이러한 비정함을 베르그송은 '순간적인 마음의 마취(anesthesia)'라고 불렀습니다. 넘어지고 맞고 뒹구는 슬랩스틱 코미디를 주로 하는 개그맨이 있습니다. 이 사람을 그 부모님이나 배우자가 봤을 때는 가슴이 아프고 눈시울이 뜨거워질 수도 있습니다. 그러나 순간적인 마음의 마취를 한 관객은 그 개그맨이 더 가혹한 고통과 더 지독한 수모를 당할수록 더 큰 웃음을 터트릴 것입니다. 그래서 웃음은 순전히 지성적인 것입니다. 다시 말해 웃음은 지성에 어필하게 마련입니다.

웃음은 분리되고 원자화된 존재들 사이에서는 나타나지 않습니다. 웃음이 나오려면 하나의 지성이 다른 지성과 연결되어 있어야 합니다. 즉, 웃음은 모방을 통해 더 큰 반향을 불러일으킵니다. 웃음은 고독한 것이 아니라 특정한 집단의 것입니다. 다시 말해서 일종의 비밀스러운 공모입니다. 베르그송이 말하기를, 극장이 가득 찰수록 관객의 웃음은 더욱더 폭발적이 됩니다. 그래서 웃음은 언제나 사회적인 의미나 역할을 지닙니다.

웃음은 사회적이다
- - - - - - - - - - - - - - -

웃음의 사회적인 기능은 사회 구성원들이 지니는 반(反)사회적이고 분리주의적인 성향이나 태도 및 행동들을 교정하는 데 있습니다. 인간다움이라는 궤도를 벗어난 사람들이 본 궤도를 찾도록 바로 잡아주는 장치가 웃음인 것입니다. 예를 들어, 우리가 그 사람을 비웃거나 웃음의 대상으로 만드는 이유는 그가 다시 인간다운 모습으로 되돌아오도록 자극하는 데 있습니다. 베르그송은 이를 '웃음의 교정적인 또는 징벌적인 효과'라고 부릅니다.

웃음의 사회성을 강조한 철학자 베르그송.

베르그송이 웃음을 통해서 유지하려고 했던 인간다움은 개별적인 인간다움이 아니라 사회적인 인간다움입니다. 생명은 기계와 달리 부드럽게 연결된 존재방식입니다. 그래서 생명의 존재방식은 더불어 있음입니다. 기계가 원자적이고 형식적인 관계를 맺는다면 생명은 연관적이며 사회적인 방식으로 존재합니다.

그런데 사회적인 삶의 움직임에는 긴장과 유연성(탄력성)의 두

가지 힘이 상호보완적으로 작용하고 있습니다. 긴장과 유연성의 두 힘의 균형이 무너질 때, 다시 말해서 '기계적인 경직성'이 몸을 지배하게 되면 몸이 아프게 되고, 마음을 지배하게 되면 마음이 혼란해집니다.

이런 이유로 베르그송이 바라보는 웃음의 기본적인 유발 요소는 '기계적인 경직성이나 비탄력성(비유연성, 고집불통, 반복성, 논리적인 필연성)'입니다. 다시 말해서 '살아 있는 것에서 기계적인 것'이 출현하는 것을 쳐다보면 웃지 않을 수 없습니다. 예를 들어, 반복적인 딸꾹질, 구두쇠의 돈에 관한 무조건적인 집착, 긴장한 몸과 마음이 만드는 어색한 태도, 유연한 대처가 필요한 경우에 형식적인 규칙을 고집하는 공무원의 어리석음 등등이 바로 그것입니다. 특히 이러한 반복성과 기계적인 메커니즘을 잘 살린 코미디의 고전이 찰리 채플린의 영화들입니다.

그런데 이러한 웃음 유발 요인인 기계적인 경직성은 반사회적이고 분리주의적인 것입니다. 베르그송의 말처럼 "이러한 경직성이 코미디라면 웃음은 교정하는 것이다." 다시 말해서 습관이나 반복처럼 경직성이 사회적 삶을 저해하고 그 구성원들의 사회적 연대감을 떨어뜨리는 반면에, 웃음은 다시 이를 회복하게 하는 치료제라는 뜻입니다.

김용옥 선생님은 그의 저서 『아름다움과 추함』에서 베르그송이 역설한 '웃음의 사회적 기능'을 다음과 같이 표현하고 있습니다. "웃음의 효과는 따라서 한 인간이 사회로부터 격리되어 가는 것을 막는 작용이며, 인간은 웃음으로써 자기가 살고 있는 사회에 항상 재적응할 수 있는 힘을 얻게 되는 것이다. 그리고 기존의 인습의 속박에서 벗어나 보다 긴장과 구속이 이완되는 삶으로 나아가는 것이라고 보는 것이다. 이것은 베르그송의 생철학의 체계가 규정하고 있는 탁견이다."

〈누려〉의 웃음 코드에도 이러한 경직성의 반사회적인 요소와 웃음의 치료적 기능이 존재합니다. 다시 말해서 베르그송의 웃음론이 〈누려〉를 잘 이해시켜 줍니다. 주인공들은 과거의 고생스러운 기억을 잊고 이제는 경제적 풍족함을 '누리고' 싶어 하지만 과거 고생하면서 몸에 밴 습관들은 마치 조건 반사처럼 특정한 조건이 되면 일종의 강박증과도 비슷하게 '기계적 메커니즘'처럼 튀어나옵니다. 이 경직성으로 인해 그들이 풍요로운 사회에 적응하지 못하고 있음이 잘 드러납니다. 다시 말해서 그들의 과거 역사는 풍족한 삶에 대한 학습이 전혀 없었다는 매우 비극적인 이야기입니다. 그러나 잘 살게 된 그들이 과거의 코드를 새로운 시대에 맞춰 변경하지 않고 고집스럽게 반복하기 때문에 웃음이 터

져 나오는 것입니다.

예를 들면, 고급 와인바에서 바텐더가 고급 프랑스산 와인을 권하자, 와인에 대해 전혀 모르는 그들은 '농수축산물은 국내산이 최고급이다'라는 일반적인 상식에 사로잡힌 나머지, 전혀 다른 상황인 와인에도 그들의 논리를 그대로 적용합니다. 소고기는 횡성 한우가 최고이듯이 와인도 그러할 것으로 잘못 추론한 끝에, "싸구려 수입산 와인 말고 최고급 국내산 와인을 가져오라"며 바텐더에게 호통을 칩니다.

물론 이러한 경직성으로 인한 사회적 부적응은 웃음을 통해 치유됩니다. 재미있는 것은 웃음은 일종의 무의식과도 같습니다. 다시 말해서 웃음을 유발하는 웃기는 사람만 자신의 행동의 의미를 모르고 있습니다.

플라톤의 『국가』에서는 기게스의 반지 이야기가 나옵니다. 기게스가 발견한 일종의 절대 반지를 낀 사람은 남들에게 보이지 않게 됩니다. 그런데 베르그송은 기게스 반지의 반대적인 효과가 웃음에 있음을 지적한 것입니다. 그가 말하기를 "웃기는 사람은 무의식적"입니다. 이러한 베르그송 말의 의미는 웃음은 웃기는 사람에게는 무의식적인 것이라는 뜻입니다. 자신만 자기가 웃기고 있다는 것을 모른다는 것이죠.

비록 베르그송은 웃음에 관한 심리적인 분석에는 관심이 없었지만 이로써 그의 코미디와 웃음에 관한 이론은 정신분석학의 창시자인 프로이트에게로 연결됩니다. 물론 프로이트는 말과 언어를 통해 무의식에 접근하기 때문에 그에게 중요한 것은 말로 하는 코미디인 개그, 즉 농담이 주요한 분석 대상입니다. 베르그송에게 코미디와 농담은 본질적으로 같습니다. 다만 농담은 아직 전개되지 않은 코믹한 장면의 핵심과 같은 것입니다.

베르그송의 웃음이
채플린의 「모던 타임즈」에서 실현되다

베르그송의 웃음론은 생명과 삶이 기계나 부품이 되어 버린 기계문명과 산업사회에 대한 비판의식을 지니고 있다. 마찬가지로 찰리 채플린은 마르크스주의적인 사회 비판의 영향 속에서 「모던 타임즈」를 제작했다. 그래서 이 영화는 베르그송의 웃음을 실현한 것이라고 해도 과언이 아니다.

이 영화에서 채플린은 거대한 공장의 기계부품으로 전락한 노동자로 등장한다. 그는 인간이 마치 기계처럼 행동하는 다양한 모습을 보여준다. 컨베이어 벨트의 너트 조이는 일을 계속 반복한다. 그러다 그는 너트 모양으로 생긴 것은 뭐든 조이려는 강박반복증세를 보이기까지 한다. 심지어는 여자들의 옷에 달린 단추를 너트로 오해하여 공구를 들고 여자들에게 달려든다. 그래서 치한으로 오해받아 감옥 신세를 지기도 한다.

이처럼, 「모던 타임즈」는 영화의 소재와 배경으로 기계를 등장시킬 뿐만 아니라 캐릭터 자체가 이미 '생명 속에 깃든 기계'가 되어가는 과정을 그리고 있다. 베르그송의 웃음의 핵심인 '기계적 경직성'이 채플린의 꼭두각시 주인공에서 실현된다. 이처럼 베르그송에게 기계는 생명의 약동과 자유스러움에 대한 풍자인 것이다.

물론 채플린이 40여 년에 걸쳐 쇼펜하우어의 『의지와 표상으로서의 세계』 전체 읽기를 3번이나 시도했노라고 밝히고 있지만, 베르그송의 『웃음』에 관해서는 구체적인 언급이 없었다. 하지만 그는 정규학교를 나오지는 않았지만 매우 열정적인 독학자였다. 그의 드레싱룸에는 언제나 라틴어−영어 사전이 있었으며, 에머슨, 호손, 포와 같은 영문학의 대가들의 저작과 플루타크 영웅전, 게다가 플라톤, 로크, 칸트, 프로이트와 같은 철학자의 고전들과 물론 베르그송의 『웃음』도 있었다.

채플린 특유의 걸음걸이, 표정, 몸짓, 그리고 필름을 정상 속도보다 빠르게 돌리면서 연출되는 독특한 기계적 정서는 채플린이 베르그송의 『웃음』을 애독(愛讀)했다는 사실을 알려준다.

4마당 유머는 반항이다
프로이트의 유머론

체념하고 싶으면? 차라리 반항하라!

프로이트에게 "유머는 체념이 아니라 반항"입니다. 이는 강력한 현실에 허약한 자아가 굴복하는 태도에서 유머가 일어나는 것은 아니라는 뜻입니다. 반대로 그는 유머로써 현실에 굴하지 않는 자아의 승리를 확인하지요. 프로이트의 정신분석학적인 용어로 말하자면 유머는 쾌락 원칙으로, 현실 원칙에 대한 반항인 것입니다.

프로이트가 창안한 정신분석학이란 두 가지 의미를 지니고 있습니다. 첫 번째로 정신분석학은 신경 질환을 치료하는 특정한 방법입니다. 다시 말해서 정신적인 문제를 안고 있는 환자를 말로 치료(talking cure)합니다. 두 번째로 정신분석학은 무의식적인 심리 과정에 관한 과학입니다. 다른 말로 표현하면 심층 심리학이겠지요.

유머의 반항성은 우월한 지위의 사람들에 대한 공격 및 권위에 대한 전복의 의미를 지닙니다. 다시 말해서 농담은 단순한 농담이 아니란 뜻이지요. 농담을 통해서 사회의 전통적인 도덕에 의해 "억압된 욕망의 귀환"이 일어나는 것이지요. 그래서 유머나 농담은 반(反)사회적인 행위인 것입니다.

이와 같이 프로이트의 웃음론을 '반항'이라는 관점에서 본다면, 이와 관련된 개그 코너들은 매우 많습니다. 정치적인 비판이나 사회적인 전통이나 인습에 대한 반항을 소재로 하는 개그 코너는 시대를 막론하고 많은 사랑을 받아왔기 때문입니다. 개그 콘서트의 〈큰 세계〉, 웃찾사의 〈부산특별시〉가 대표적인 '반항'의 유머입니다.

〈큰 세계〉는 외모지상주의에 대한 반항입니다. 날씬한 사람들이 대접받고 뚱뚱한 사람들을 천대하는 요즘 세태를 뒤집어서 '뚱뚱한 사람들이 곧 권력자'라는 기발한 상상을 받아들이자 예기치 못한 웃음들이 쏟아져 나옵니다. 이 코너에서 유민상은 "뚱뚱한 게 곧 정의이고, 진리이고, 권력이다"라는 생각을 인생의 좌

우명으로 삼고 살아갑니다.

〈부산특별시〉가 선사하는 웃음의 핵심도 우리나라의 서울 중심주의에 대한 '반항'입니다. 이 코너는 부산이 대한민국의 수도가 되면서 벌어지는 다양한 상황을 웃음으로 만듭니다. 방송국 아나운서 면접시험에 서울 출신 지원자가 등장하여 자신이 서울대를 졸업했다고 말하자 부산 출신 면접관들은 "에이! 이거 뭐꼬? 서울대? 지방대 아이가?"라며 비아냥거립니다. 서울 사람들이 지방 사람들을 무시하는 현실이 이 코너에서는 완전히 뒤집힌 것이죠. 여기서 커다란 웃음이 터집니다. 지역차별주의에 대한 반항이 〈부산특별시〉의 웃음 포인트입니다.

프로이트의 방대한 저작 중에서 직접적으로 유머와 농담을 다룬 글들이 있습니다. 그의 저서인 『농담과 무의식의 관계』(1905년)와 짧은 논문인 「유머」(1927년)가 그 대표작입니다. 프로이트는 『농담과 무의식의 관계』에서 코미디(희극적인 것)를 크게 세 가지로 분류합니다. 농담(조크), 코미디, 유머가 그것입니다.

이 세 가지 다 우리가 잃어버린 쾌락을 다시 획득하는 것을 목표로 합니다. 이는 우리가 정신적으로 발달하면서 현실에 적응하기 위해 억압에 의해 쾌락을 상실했기 때문입니다. 그래서 웃기는 것은 잃어버린 쾌락을 다시 얻는 것입니다. 쾌락을 얻기 위해서는 정신적인 절약이 중요합니다. 미워하는 사람이 있으면 나의 신경에 거슬립니다. 다시 말해 나의 정신적 에너지가 그 사람에게 집중 투자되고 있지요. 이 과잉적인 투자에 의해 나는 스트레스를 받게 됩니다.

예를 들어, 농담의 쾌락은 억제 비용의 절약에서 나옵니다. 그동안 현실의 도덕과 법을 지키기 위해 나의 욕망을 억제하는 데 많은 정신적인 에너지를 지출하게 됩니다. 좋은 조크는 이러한 억제 비용을 줄여줌으로써 즐거움을 일으킵니다. 부산 출신 면접관들이 "에이! 이거 뭐꼬? 서울대? 지방대 아이가?"라고 말할 때 그동안 많은 에너지를 써서 억눌러 온 욕망을 자연스럽게 드러낼 수 있습니다.

이런 측면에서 프로이트는 『농담과 무의식의 관계』에서 "농담은 권위에 대한 거부, 권위의 압력에서 해방되는 것을 의미한다."고 봅니다. 패러디나 풍자의 매력은 여기에 있습니다. 그래서 이와 같은 경향적(의도적) 농담은 "내면적인 억압이나 외부의 상황 때문에 직접적으로 비난할 수 없는 거대한 것, 품위 있는 것, 막강한 것을 공격하는 데에" 대단히 적합한 것이지요.

또한 코미디의 쾌락은 표상(생각) 비용의 절약에서 기인하며, 유머의 쾌락은 감정 비용의 절약에서 비롯된다는 것입니다. 에너지의 절약이 웃음의 원천인 것입니다. 에너지의 절약은 일종의 에너지의 해방인 것이지요. 이런 이유에서 프로이트의 웃음론을 보통 해방론 또는 방출론(relief theory)이라고 합니다. 그래서 농담이나 코미디와 마찬가지로 유머도 해방의 측면이 있습니다.

하지만 이 둘과는 달리 유머에는 위대하고 고양하는 측면이 있습니다. 유머는 고통과 외부 세계의 트라우마에 대해 저항하고 자아의 승리를 외치기 때문입니다. 프로이트가 든 유명한 사형수 사례가 대표적입니다. 다가오는 월요일에 교수형에 처해질 사형수가 "음, 한 주 시작 치고는 괜찮군."이라고 말했다고 합시다. 이 유머로 인해 그는 죽음의 위협 속에서도 어떤 만족감을 느낄 것이며, 그를 바라보는 사람들의 시선도 좋은 쪽으로 달라집니다. 그에게서 일종의 숭고함을 느끼게 됩니다.

이렇게 『농담과 무의식』은 주로 에너지의 투자와 절약이라는 경제학적인 관점에서 농담과 유머를 고찰합니다. 반면에 「유머」는 지형학적인 관점(이드, 자아, 초자아의 구조적인 관점)에서 유머를 분석합니다.

프로이트에 따르면 농담은 무의식이 코미디에 행한 기여라면 유머는 초자아가 코미디에 행한 기여입니다. 본래 초자아는 부모의 기관에서 유래한 것으로 자아를 규제하는 가혹한 주인입니다.

그러나 초자아는 유머라는 방식에 의해 자아를 위로하고 고통을 막아줍니다. 이런 이유로 모든 사람이 유머러스한 태도를 지닐 수는 없습니다. 그러한 태도는 드물고 귀한 재능입니다. 심지어 유머를 즐길 수 없는 사람도 많습니다. 하지만 유머를 구사하는 사람은 앞에서 예로 든 사형수의 사례처럼 숭고한 태도를 보여줍니다.

프로이트 유머론을 이해하려면 그가 세 가지 관점에서 심리적인 삶(심리 기구)을 고찰한다는 점을 잊어서는 안 됩니다. 역학적인 관점(충동론), 경제학적인 관점, 지형학적인 관점이 그것입니다.

첫째로, 역학적인 관점은 충동론이라고도 불립니다. 이 관점은 심리적인 사건들을 외부 자극을 배제하고 심리적인 힘들의 놀이로 보는 관점이지요. 우선, '자아 충동'과 '대상 충동'이 있습니다. 이 배후에 더 기본적인 충동들이 있습니다. 하나는 '에로스'로서 항상 합일을 추구하는 충동이며 다른 하나는 '타나토스'(죽음에의 충동)로서 살아 있는 것의 해체로 이끄는 충동입니다. 이중에서 에로스적인 힘의 외화가 리비도라고 불립니다.

둘째로, 경제학적인 고찰에 따르면 충동들의 심리적인 대표자인 표상이나 감정에 특정한 양의 에너지가 투자(카텍시스)되어 고착됩니다. 심리적인 기구는 이러한 에너지의 정체나 고착을 예방하고 그곳에 실린 자극의 총량을 가능한 한 낮게 유지하려는 경향을 갖습니다. 심리적인 사건의 과정은 쾌락–불쾌의 원칙에 의해 자동적으로 조절됩니다. 이 경우 불쾌는 어떤 식으로든 자극의 증가와 관련되고 쾌락은 그것의 절약과 연결됩니다.

셋째로, 심리 기구에 대한 지형학적인 고찰에 의하면 심리 기구는 1) 이드(Es)라는 충동 자극의 담지자, 2) 이 이드가 외부 세계에 의해 변형되어 표면화된 자아(Ich), 3) 이드에서 생겨나 '자아'를 지배하고 인간의 특징적인 충동 억제를 대표하는 '초자아'(Über-Ich)로 나눠집니다. 특히 초자아는 대단히 잔인해서 '내면화된 사회적 억압의 기관'인 것입니다.

웃음은 경제적인 절약이다

〈큰 세계〉와 〈부산특별시〉가 프로이트가 말한 '반항의 웃음'에 대한 대략적인 모델을 제시한다면, 「개그콘서트」의 〈힙합의 신〉은 '반항의 구체적인 기술'을 보여줍니다. 프로이트에게는 그 '기술'이 무엇인가도 중요한 문제의식이었습니다. 이 기술은 꿈의 작업이나 농담의 작업으로 나타나지요. 이를 통해 그동안 억압된 무의식적 욕망이 우리의 의식에 나타나게 되지요.

프로이트에 따르면 억압된 욕망이 가는 곳이 '무의식'이라는 우리 마음의 창고입니다. 무의식에 쌓인 생각과 감정들의 흔적이 꿈과 말실수, 농담(조크) 속에 나타납니다. 이런 이유에서 그는 『농담과 무의식의 관계』에서 "농담은 뭔가 '드러나지 않은 것', '숨겨진 것'을 끌어내야만 한다는 사실을 배웠다."고 합니다. 그는 농담의 기술을 꿈의 작업과 연결시킵니다. 그래서 그가 이어서 "농담-기술의 핵심으로 인식됐던, 대체물을 갖는 압축의 흥미로운 과정은 꿈-형성 과정에 주목하도록 만든다. 왜냐하면 동일한 심리적 과정이 꿈-형성 메커니즘에서 발견되었기 때문이다."라고 말합니다.

구체적으로 농담-기술에는 자리바꿈, 사고 오류, 무의미, 간접적 표현, 반대를 통한 표현 등이 있습니다. 그런데 꿈-작업에서도 동일한 기술이 사용된다는 것은 단순한 우연의 일치가 아니라는 것입니다.

〈힙합의 신〉에서 개그맨 이세진 씨는 랩 배틀 도중에 자신의 사업인 제과점을 홍보하고 싶은 마음에 그와 관련된 단어들을 랩에 포함하려 합니다. 하지만 다른 참가자나 사회자들로부터 빵을 홍보하는 단어들을 말하지 말라는 제재를 받습니다. 이에 이세진

웃음은 억압된 욕망의 귀환이라고 본 프로이트.

은 어떻게 하든 제과점을 홍보하고 싶은 마음에 실수를 가장하여 랩 내용에 다양한 빵의 이름을 교묘하게 배치합니다.

내 성격 알잖아? 날 고로케(그렇게) 몰라?

내가 아팠던 만큼 너도 와플(아플) 거야.

사랑이 줄어든 만큼 너의 전화도 츄러스(줄었어).

아침이 돼 해가 창 바게뜨고(창 밖에 뜨고).

내 노랠 듣고 그녀는 말했지, 너 꼭 카스테라(가수 돼라).

〈힙합의 신〉을 말장난 개그로 바라본다면 요즘 개그치고는 상당히 유치합니다. 하지만 프로이트의 웃음론 관점에서 바라본다면, 무의식이 의식의 검열을 피하는 전형적인 방법을 보여주고 있습니다. 프로이트가 말실수나 농담에서 무의식의 흔적을 탐색하려 했던 초기 저서 『일상생활의 정신병리학』이나 『농담과 무의식의 관계』를 읽어보면 〈힙합의 신〉과 유사한 사례가 다양하게 등장합니다.

이와 같은 맥락에서 프로이트는 무의식이라는 새로운 정신의 영역을 입증하기 위해 『꿈의 해석』, 『일상생활의 정신병리학』, 그리고 『농담과 무의식의 관계』라는 삼부작을 썼습니다. 우리는 프로이트가 왜 "농담은 무의식이 코미디에 행한 기여"라고 주장했는지를 이해할 수 있습니다. 그 무의식의 과학이 정신분석학입니다.

지젝, 조크로 부시 정권의
정신병을 폭로하다

요즘 프로이트와 라캉의 정신분석학을 사용해서 전 세계에 철학적인 조크로 센세이션을 일으키고 있는 슬라보예 지젝이라는 철학자가 있다. 그는 프로이트의 농담을 다음과 같이 분석하면서 이라크 전쟁을 일으킨 부시 정부를 비판한다.

어떤 사람이 주전자를 빌린 후에 구멍이 난 주전자를 돌려주면서 다음과 같이 세 가지 방식으로 부정하며 자신을 방어한다. 우선, "난 결코 네가 요구하는 주전자를 빌린 적이 없다." 이는 대표적으로 신경증적인 억압의 경우이다. 다음으로 "난 그것을 온전한 상태로 너에게 돌려주었잖아." 이는 대표적으로 도착증적인 부인의 경우이다. 마지막으로 "어쨌든 그것은 구멍이 있었어." 이는 대표적으로 정신병적인 거부(폐제)의 경우이다.

신경증적인 억압은 주전자를 빌린 적이 없다고 부정한다. 이라크 전쟁을 일으킨 미국 정부의 명분은 처음에는 다음과 같이 억압적이었다. "우리 연구소는 대량 살상 무기의 명백한 증거를 발견했다."고 선언하며 증거 없다는 사실을 명백하게 억눌러버렸다.

다음으로 미국 정부는 증거가 없다는 것을 알면서도 도착증 환자처럼 부인한다. 그래서 다음과 같이 "증거들이 확실치는 않지만 이것들은 대량 살상 무기가 분명이 있다는 점을 암시한다."고 말한다.

마지막으로 증거가 없다는 것이 드러나 코너에 몰린 미국 정부는 정신병자처럼 처음부터 주전자에 구멍이 뚫려 있었다고 말하는 것처럼 횡설수설한다. "대량 살상 무기가 없다는 점이 우리가 이라크를 공격해서는 안 된다는 것을 의미하지는 않아."

이처럼 지젝은 유명한 프로이트의 주전자 농담을 가지고 이라크 전쟁에 대한 미국 정부의 정신질환자와 동일한 태도를 보인다고 비판한 것이다.

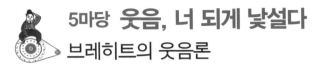

5마당 웃음, 너 되게 낯설다
브레히트의 웃음론

낯설게 하기의 유머 극장

베르톨트 브레히트(1898~1956)는 '낯설게 하기 효과' 또는 '소격(疏隔) 효과'라고 불리는 극장 기법을 도입한 20세기 독일을 대표하는 극작가입니다. 낯설게 한다는 것은 관객이 극의 주인공에 감정이입(感情移入)하여 몰입하는 것을 못하게 하는 기법을 말하지요. 감정이입이란 관객의 입장에서 "그들이 울 때 나도 울고, 그들이 웃을 때 나도 웃는 것"을 말합니다. 반대로 '낯설게 하기'란 "그들이 울 때 나는 웃고, 그들이 웃을 때 나는 우는 것"입니다.

「개그콘서트」의 〈생활의 발견〉은 이러한 '낯설게 하기' 기법을 사용한 대표적인 개그 코너입니다. 이 코너는 '낯설게 하기'가 무엇인지 정말 딱 부러지게 보여줍니다. 코너의 출연자인 신보라 씨와 송준근 씨는 매번 이별의 위기에 처한 연인으로 등장합니다. 관객들도 두 사람이 만들어내는 사랑 전선의 긴장감에 감정이입을 하면서 똑같이 불안함을 느끼기 시작합니다. 하지만 그 순간 엉뚱하게도 지극히 일상적인 대화가 끼어들면서 이러한 감정이입에 찬물을 끼얹습니다.

감자탕 집에 온 두 사람,

신보라: (심각하게) 오빠, 우리 헤어져.

송준근: (심각하게) 그게 지금 감자탕 집에서 할 소리니?

신보라: (심각하게) 지금 장소가 중요해?

식당 점원 등장.

점원: 주문하시겠습니까?

송준근: (심각한 표정으로 한참을 생각한 후 점원에게) 감자탕 소짜리하고 사이다 한 병 주세요. (다시 신보라에게 심각한 표정으로) 헤어지자니? 너 지금 무슨 소리야?

신보라: (심각하게) 솔직히 우리…… (점원에게) 당면 사리 하나 넣어주세요.

송준근: (심각하게) 너 요즘 힘든 거 아는데…… (점원에게) 우

이별 앞에 선 두 연인의 심각한 상황에 어울리지 않게 끼어드는 너무나 일상적인 말과 행동이 '낯설게 하기' 기법이 적용된 사례입니다. 이로써 관객들의 감정이입은 매번 방해를 받습니다. 다시 말해서 '심각한 이별에 처한 삶의 비정상적인 위기'와 '식당에서 주문하는 행동과 같은 지극히 일상적인 삶'의 부딪힘으로 인해 두 연인의 이별에 대한 관객의 감정이입이 중단됩니다. 이 지점에서 웃음이 나옵니다. 몰입할 때는 심각하지만 떨어져서 보면 아무것도 아닌 일이 우리 일상에서는 많이 벌어집니다. 이 간격의 여유가 웃음의 근원입니다. 이별과 상관없이 일상적인 삶은 지속되니까요. 이별 뒤에도 밥만 잘 먹더라는 유행가 가사처럼요.

「개그콘서트」〈용감한 녀석들〉에서도 '낯설게 하기' 기법이 대단히 잘 드러납니다. 주인공 박성광 씨가 뜬금없이 「개그콘서트」의 연출자인 서수민 PD를 자꾸 거론합니다. 또는 출연자인 개그맨들이 연기 도중에 방청객들과 대화합니다. 또는 개그맨들이 개그 코너와 상관없는 출연자의 실제 일상에 관한 이야기를 늘어놓기도 합니다. 이 모든 것이 일종의 '낯설게 하기'입니다. 이로 인해 그 코너를 보는 도중에 관객들은 그 극의 감정적인 분위기나 이야기 구조에 몰입하지 못하게 됩니다.

이러한 '낯설게 하기'란 관객이 감정적으로 연극에 빠져들지 못하도록 연극이 현실이 아니라는 점을 알려주는 것입니다. 예를 들어 우리가 「춘향전」을 본다고 가정해 보죠. 춘향이가 옥에 갇혀 이몽룡을 그리워하며 슬픈 노래를 부르고 있습니다. 전통적인 아리스토텔레스적인 연극 이론의 관점에서는 관객이 춘향이의 감정에 빠져들어 함께 슬퍼하고 눈물을 흘리며 감정의 카타르시스(정화)를 느끼는 것입니다.

하지만 브레히트는 이러한 드라마적인 극장 방식에 문제를 제기합니다. 브레히트가 연출한 「춘향전」이라면 춘향 역의 배우는 드라마적인 연기를 하다가도 중간 중간에 다른 연기를 섞어야 할 것입니다. 즉, 관객이 춘향이의 입장에 감정적으로 빠져들지 못하도록 관객을 낯설게 만들어야 합니다. 이를테면 이몽룡을 그리워하며 울다가도 갑자기 생뚱맞게 관객에게 말을 걸어온다면 관객은 어리둥절할 것입니다. 연기뿐만 아니라 무대 세트, 소품, 조명 등 연극을 구성하는 모든 요소들이 관객이 연극에 감정이입하지 못하도록 도와야 합니다. 브레히트의 최종적인 목적은, 관객이 연극의 환상에 빠지지 않고 '이곳은 극장이다.'라는 사실을 깨

닫게 해주는 것입니다.

브레히트는 왜 관객이 연극에 빠져드는 것을 막으려 했을까요? 독일의 철학자 헤겔이 남긴 말에 답의 실마리가 있습니다. 어떤 것이 우리에게 친숙하고 익숙하다고 해서 우리가 그것을 제대로 인식하는 것은 아닙니다. 도리어 익숙하면 익숙할수록 그 익숙함에 빠져 진실을 바로 보지 못하게 됩니다. 사랑에 빠진 연인들이 서로 상대방에 대한 환상에 빠져 있을 때는 상대방의 결점 같은 것은 아예 보지 못하는 것과 마찬가지입니다.

반대로 사랑에 빠졌던 연인들도 사랑이 식고 서로를 낯설게 느끼기 시작할 때가 있습니다. 사실, 우리가 상대방을 더욱 객관적으로 본다면 사랑의 감정에 빠질 수 없습니다. 「개그콘서트」〈남자가 필요없는 이유〉에서 개그맨 정승환 씨는 박소라 씨에 대해 사랑의 감정을 느껴서 오두방정을 떨다가도 감정이 바뀌면 정색을 하고 박소라 씨를 객관적으로 바라보기를 반복합니다. 이때 정승환 씨의 유행어 대사가 바로 '너, 되게 낯설다.'입니다.

결국 브레히트가 '낯설게 하기'를 시도한 이유는, 관객들이 연극을 통해 의식 변혁을 이루기를 바란 것입니다. 앞에서 언급한 〈용감한 녀석들〉에서 '낯설게 하기' 기교에 의해 개그와 현실이 접속하면서 관객은 감정이입에서 벗어나 개그가 현실이 아닌 현

실의 재현(표상)임을 알게 됩니다. 개그는 만들어진 것이므로 바꿀 수 있습니다. 마찬가지로 현실도 특정한 사회 구조(프레임)의 재현인 것이죠. 그러므로 부조리한 현실도 바꿀 수 있어요. 이런 의식화가 브레히트가 노린 '낯설게 하기' 기법의 의도이죠. 이로부터 우리는 연극인으로서의 브레히트와 정치혁명가로서의 브레히트가 겹쳐짐을 알 수 있어요.

브레히트는 감정이입이 주를 이루는 기존의 드라마 극장 대신에 '낯설게 하기'로 새로운 극장 개념인 서사 극장 또는 변증법 극장을 고안합니다. 게다가 유명한 극단인 베를린 앙상블을 자신의 아내와 더불어 운영하기도 합니다. 한마디로 그는 극작가이자 연출가입니다.

동시에 브레히트는 사회주의 혁명과 사회 변혁을 꿈꾼 정치 지향의 사상가입니다. 그의 극장 이론이나 연극 기법 전부 다 이러한 정치적 비전을 달성하기 위한 것입니다. 그의 유명한 '서사 극장'이나 '변증법 극장' 모두 연극의 정치적 효과를 위해 그가 고안한 것들입니다. '낯설게 하기' 효과가 실현되는 이 극장에서 그는 관객의 의식 변혁을 꿈꾸었습니다. 다시 말해서 관객들이 연극을 통해 현대 사회 문제들에 이성적으로 접근할 수 있다는 것이죠. 한 마디로 관객에게 감정적인 반응을 보이지 말고 이성적으로 비판적 의식을 가지라고 요구하는 것이지요.

브레히트적인 관점에서 본다면, '낯설게 하기' 연극과 정반대에 위치하는 것이 바로 자본주의의 꽃인 '광고'입니다. 특급 연예인이 모델로 등장하는 비싼 제품의 광고를 생각해 볼까요? 보통 사람은 엄두도 내기 힘들 만큼 비싼 물건이지만 왠지 TV에서 자주 보는 연예인이 모델로 등장한다면 낯설지 않고 가깝게 느껴집니다. 일종의 환상이 발생합니다. 친숙하게 느껴지는 것으로 끝나지 않고, 어떻게 해서든 그 제품을 사고 싶다는 욕망을 시청자에게 불러일으킵니다. 결국, 그다지 필요하지도 않은 물건을 무리하게 빚을 내거나 카드로 소비하게 됩니다. 광고를 포함한 문화 상품들이 '의식 마비'를 목표로 한다면 브레히트의 '낯설게 하기'는 반대로 '의식 각성'을 겨냥합니다.

'낯설게 하기'는 연극이나 뮤지컬 같은 무대 예술뿐만 아니라 영화, TV드라마 제작 기법에도 적지 않은 영향을 주었습니다. 브레히트는 비록 사회주의자였지만 그가 나치의 탄압을 피해 잠시 망명생활을 했던 자본주의 나라 미국의 공연예술인들은 특히 적극적으로 브레히트의 극장 개념과 기법들을 받아들였습니다. 미국의 현대 뮤지컬은 1950년대와 1960년대에 걸쳐 그 틀이 잡혔는데, 이 과정에서 브레히트의 연극 이론이 큰 영향을 주었습니다.

마찬가지로, 우리가 요즘 즐겨 보는 개그 코너에서도 브레히트를 발견할 수 있습니다. 「개그콘서트」나 「코미디빅리그」의 코너들은 일종의 짧은 연극입니다. 방송국의 극장(공개홀)에 모인 방청객들을 대상으로 개그를 보여주는 코미디입니다. 코미디 장르는 전통적으로 무대에서 행해지는 공연예술이었습니다. 따라서 관객과의 교감이 중요한 예술이었습니다. 그런데 TV가 등장한 이후로 한동안은 코미디와 개그도 마치 드라마처럼 방송국 세트에서 녹화되는 방식으로 제작되기도 했습니다. 하지만 1990년대 말부터는 「개그콘서트」 등 공개방송형 개그 프로그램이 주류로 등장하면서 개그는 다시 무대로 돌아왔습니다. 또한 개그 프로그램은 정통적인 사실주의 연극 작품과는 달리 매우 제한적이고 상징적인 무대 세트와 소품으로 만들어지며, 관객이 보는 앞에서 무대전환이 이루어집니다. 이런 점들에서 이 코너들은 브레히트 연극 이론과 매우 깊이 관계되어 있습니다.

개그가 이렇게 '낯설게 하기' 기법을 사용하면서 연극적인 방식으로 만들어지는 이상, 개그 분석에서 브레히트는 피할 수 없는 숙명입니다. 요즘의 연극적인 개그 제작 방식에 익숙한 개그맨들은 코미디와 비극이 본래 분리될 수 없다는 점을 본능적으로 알고 있습니다. 너무 의식적으로 웃음 코드만 강조한다거나 과장

된 몸짓만으로 웃기려 한다면 오히려 시청자들이 금세 식상해한 다는 것도 오랜 경험을 통해서 알고 있습니다. 즉, 개그맨들은 본 능과 경험을 통해서 브레히트의 '낯설게 하기'가 세련된 웃음을 만드는 필살기라는 것을 알고 있습니다. 브레히트는 이 점을 다음과 같이 강조했습니다. "'낯설게 하기' 효과를 사용하면, 희극성과 비극성이 서로 분리될 수 없을 정도로 혼합된다. 희극적인 것에 관한 한숨이 비극적인 것에 관한 웃음과 뒤섞인다."

웃을 수 있는 극장을 사랑한 작가

그런데도 브레히트의 정치적 면모가 부각된 바람에 그의 코미디가 덜 주목받은 게 사실입니다. 그렇지만 그에게 코미디와 웃음은 비극만큼이나 중요한 가치가 있습니다. 실제로 그가 말했듯이 "웃을 수 없는 극장은 가장 웃음거리가 되어야 하는 극장인 것입니다. 유머 없는 사람이 가장 우스꽝스러운 사람입니다."

게다가 브레히트는 코미디 배우인 찰리 채플린의 열렬한 팬이었습니다. 마치 채플린이 쇼펜하우어의 열렬한 팬인 것처럼요. 그렇게 전혀 어울릴 것 같지 않은 삶의 철학자 쇼펜하우어와 사회주의 작가인 브레히트가 연결됩니다. 그런데 찰리 채플린이 2차 세계 대전이 끝난 미국에서 매카시즘의 광풍이 불 때 공산주의자로 몰려 쫓겨났습니다. 채플린과 브레히트는 웃음을 절대로 자연적인 것이거나 개인적인 것으로 보지 않았지요. 그들은 웃음을 사회적 것으로 본 점에서 공통점이 있습니다. 그런 점에서는 브레히트와 채플린 모두 웃음의 사회성을 강조한 베르그송과 연결됩니다.

그런데 '낯설게 하기' 기법으로 웃음을 만드는 메커니즘은 무엇일까요? 이미 앞에서 언급한 쇼펜하우어와 프로이트의 통찰이 여기에 대한 대답이 될 것입니다. 「개그콘서트」〈어른들을 위한 동화〉를 통해서 그 실마리를 풀어볼까요?

〈어른들을 위한 동화〉는 매회마다 기존에 우리에게 잘 알려진 동화들을 패러디합니다. 이를 통해 마치 한 편의 뮤직비디오와 같은 감동적인 이야기를 들려줍니다. 이 코너는 오래 지속되지는 못했지만 울음과 웃음을 모두 잡았다는 호평을 받았습니다. 통상의 개그 코너와는 달리 매우 신선하다 못해 '낯선' 개그였습니다. 진지한 내용이 전개되다가도 갑자기 이야기의 해설을 맡은 사회자와 코믹한 캐릭터가 등장하여 엉뚱한 말을 주고받습니다. 이들은 관객들이 진지한 이야기에 빠져들지 못하게 '낯설게 하기'를 시도한 것입니다. 특히 '사회자'라는 캐릭터는 실제 브레히트의 작품들에서도 '낯설게 하기' 효과를 만들어 내는 주요 배역이었습니다. 〈어른들을 위한 동화〉는 완전히 브레히트를 의식하고 만들어진 개그라는 생각이 들 정도입니다.

〈어른들을 위한 동화〉에 등장하는 동화 원작은 완전히 다른 이야기로 재해석됩니다. 예를 들어 〈햇님, 달님〉 에피소드의 경우, 원작에서 호랑이는 아이들을 잡아먹으려 했던 악역이었습니다. 그러나 이 코너에서는 호랑이가 떡장수 아주머니의 죽음을 목격하고 사랑과 정의에 눈을 뜹니다. 결국 호랑이는 자신의 목숨을 희생하여 아이들을 구합니다. 또한 〈시골 쥐와 서울 쥐〉 에피소드에서는 불치병에 걸린 시골 쥐가 친구인 서울 쥐의 딸을 위해서 망막을 기증하고 우정을 지키는 내용으로 재해석되었습니다.

그런데 이렇게 재해석된 내용 자체는 다소 진부하고 억지스러운 감성팔이 이야기에 가깝습니다. 하지만 이렇게 진지하지만 진부한 내용에 '낯설게 하기' 기법이 적용되면 놀랄 만한 반전이 일어납니다. 진부한 내용에 그다지 감정이입에 성공하지 못한 관객들을 그 내용에서 벗어나게 하여 도리어 삽입된 개그적인 요소에 더 반응하게 됩니다. 이 개그적인 형식이 개입해서 진부한 내용이 갑자기 생소해지면서 관객에게 신선한 느낌과 웃음이 생기게

코미디로 자본주의를 극복하려 한 브레히트.

되지요.

우리는 〈어른들을 위한 동화〉에서 쇼펜하우어가 주장한 '웃음의 불일치 이론'을 만나게 됩니다. 너무나 익숙한 진지함이 '낯설게 하기'로 일어난 웃음을 통해 더욱 강화되고, 웃음은 진지함 속에서 더 커집니다. 불일치를 통해서 세상에 대한 집착에서 벗어날 수 있다고 생각한 쇼펜하우어와 '낯설게 하기'를 통해 일상생활의 의식에서 벗어날 수 있다고 생각한 브레히트는 우리가 생각하는 것보다 훨씬 더 맞닿아 있습니다. 물론 찰리 채플린의 〈모던 타임즈〉를 생각하면 그 대표적인 떠돌이 캐릭터가 삶의 집착에서 벗어난 쇼펜하우어적인 인물이죠. 그러면서도 자본주의 사회의 비리와 모순을 바보짓으로 고발하는 브레히트적인 인물이기도 합니다.

또한 '낯설게 하기' 효과가 지닌 웃음의 미스터리는 프로이트의 경제학적 관점에서 풀릴 수 있습니다. 앞서 살펴봤듯이 프로이트는 〈농담과 무의식의 관계〉에서 웃음의 3가지 형태 중 '유머'의 쾌락을 '절약된 감정 비용'이라고 말했습니다. 관객은 '낯설게 하기' 덕분에, 뭔가에 감정을 지나치게 쏟거나 투자하는 행동이 더 이상 필요하지 않게 됩니다. 그 상태가 바로 프로이트가 말한 '절약된 감정 비용'입니다. 다시 말하자면 '낯설게 하기'로 인해 슬픈 운명의 주인공에 지나치게 투자되어야 할 특정 감정의 비용이 절약됩니다. 그러면 이와 동시에 웃음이라는 생리적인 현상이 일어나는 것입니다.

지구는 여전히
돌고 있다?

　역사적으로 반대의 목소리를 억압하고 심지어 반대파를 숙청하는 권력자나 권력기관은 언제나 존재했다. 최근에는 대표적으로 우파 정권인 독일의 나치 정권이나 한국의 박정희 정권, 좌파 독재자인 소련의 스탈린과 북한의 김일성이 있었다. 과거에는 종교 재판소로 악명 높은 로마 가톨릭 교황 청과 성리학 외에는 사문난적(斯文亂賊)으로 처단한 조선 왕조가 그러했다.

　브레히트의 유명한 희곡인『갈릴레이의 생애』는 그러한 잔인한 권력 밑에서 살아가야 하는 지식인의 고뇌와 비겁함을 그리고 있다. 동시에 역설적으로 진리를 향한 용기까지 제시하고 있다. 일종의 자기 예언적인 작품이기도 하다. 1939년의 첫 판본은 갈릴레이를 종교 재판소의 압제에 맞서 싸우는 용기 있는 사람처럼 그린다. "지구는 여전히 돌고 있다."라는 유명한 말처럼 갈릴레이는 권력자에 굴복하고 진리에 관해 침묵하는 것처럼 보이지만 자신의 연구를 계속 진행한다.

　갈릴레이가 말하기를,

　"벨라로민 추기경의 마부가 오늘 아침 선물로 여기에 갖다놓은 첼리니의 시계를 좀 보시겠소? 여보시오. 예를 들어 내가 당신의 선량한 부모님께 영혼의 평안을 드리는 값으로 교황청에서는 내게 포도주를 제공하고 있어요. 그것은 당신의 부모님이, 잘 아시다시피 하나님과 같은 형상대로 만들어진 그 얼굴에 땀을 흘리며 짜낸 바로 그 포도주란 말이오. 혹시나 내가 침묵할 각오가 되어 있다면 그것은 확실히 천박한 용기 때문일 거요. 나 자신의 안락한 생활, 박해를 받지 않는 것과 같은 이유 말이오."

에필로그[1]
망각에 갇힌 코미디 철학의 작은 역사

아리스토텔레스는 드라마 비평 책이자 서양 최초의 예술철학 책인 『시학』에서 비극과 코미디(희극)를 다음과 같이 구분합니다. 그러나 이 책은 주로 비극만 다루고 있기 때문에 어떤 해석자들은 『코미디에 관한 시학』이 그 후속편으로 존재했었지만 소실된 것이라고 주장합니다. 그래도 비극을 다루면서도 간간히 코미디를 언급하기 때문에 코미디에 관한 아리스토텔레스의 생각을 유추해 볼 수 있습니다.

---

1 "에필로그에 담긴 내용은, 원래 제3부 코미디에 관한 작은 철학사의 한 장으로 쓰인 것입니다. 그렇지만, 그 내용이 아주 무겁고 어려워 보론 격인 에필로그에 담았습니다. 지금까지 이 책의 내용을 재미있게 읽으셨겠지만, 이제부터는 정말정말 어렵습니다. 이 글은 코미디 철학에 대해 더 이해하고 더 많이 알아보고자 하는 이에게는 도움이 될 수도 있습니다."[편집자의 말]

아리스토텔레스에 따르면 비극은 '탁월한 사람들의 행동'을 모방하는 것인 반면에 코미디는 '열악한 사람들의 행동'을 모방하는 것입니다. 따라서 고대 그리스의 귀족주의적인 세계관에 비추어보면, 비극의 주인공은 신화적인 위대한 영웅이거나 도덕적 뛰어난 여주인공인 반면에 코미디의 주인공은 평범한 시민들이 됩니다.

아리스토텔레스에게 비극적 모방의 대상이 "연민과 공포"를 불러일으키는 영웅의 행위나 운명인 반면에, 코미디적인 모방의 대상은 "모든 잘못이 아니라 추악(醜惡)의 종류인 우스꽝스러움"입니다. 그는 이 우스꽝스러움을 "고통스럽지도 않고 파괴적이지 않은 실수의 종류"로 정의합니다. 이런 이유로 비극은 "연민과 공포를 통해 감정의 카타르시스(정화)를 성취하는 반면에, 어떤 해석자들에 의하면 코미디는 동료 인간의 실수에 관해서 나쁜 의도의 선망하는 감정이나 질투심으로부터의 카타르시스를 일으킨다고 합니다.

이러한 아리스토텔레스의 주장은 플라톤의 코미디 비판에 대한 일종의 반박으로 볼 수 있어요. 플라톤이 『필레보스』에서 선망하는 자, 즉 '심술궂은 시기'를 하는 자는 "그의 이웃들의 나쁜 일들에 대해 즐거워하는 것"으로 보았기 때문이지요.

반면에, 헤겔은 "코믹한 것이란 자신의 행동을 모순으로 가져와 그것을 아무것도 아닌 것으로 만들어버리는 주체성"이라고 합니다. 여기서 주체성(주관성)은 객체성(객관성)에 대립합니다. 객체성이란 전통적인 사회 규범과 인간관계의 윤리를 의미합니다. 주체성이란 이런 전통 규범과 윤리에 대해 회의하는 개인을 말합니다.

다시 말해 주체성이란 데카르트가 제시한 코기토(cogito), 즉 생각하는 나를 말합니다. 모든 것을 의심해도 결국 의심하는 나는 확실히 존재합니다. 이것이 바로 주체성입니다. 그래서 주체성은 우선 자신을 규정할 주어진 내용이 없습니다. 근대의 주체성이란 전근대의 공동체성을 해체하고 그 토대가 되는 종교와 도덕을 의심하는 합리적 개인을 뜻하는 것이죠.

헤겔은 웃음에 관한 논의보다는 극으로 제도화된 코미디를 철학적으로 분석합니다. 아리스토텔레스의 『시학』(예술 철학)은 주로 비극을 다루고 있습니다. 그러나 헤겔의 예술철학으로 유명한 『미학 강의』에서 코미디는 모든 예술의 종결(완성)입니다.

헤겔이 보기에, 그리스 비극은 객체적인 인륜성의 실체와 필연성을 기초로 삼고 드라마 인물의 개성과 그 사적인 삶의 깊이를 발전시키지 않았다는 점에서 한계가 있습니다. 반면에 코미디는 주체적 인격성을 부조리와 그 부조리의 해소를 상세하게 서술하면서 완성시킵니다. 다시 말해 코미디는 비극이 끝난 지점을 출발점으로 삼습니다. 즉 절대적으로 화해된 유쾌한 마음이 그것입니다.

코미디는 '모순의 즐거운 화해'를 추구합니다. 다시 말해서 주체적인 만족이 핵심이 된다는 뜻입니다. 주인공이 추구한 행위의 결과가 좋지 않고 비극적이라도 마음의 평화를 잃지 않는다는 자기 확신이 핵심인 것이지요. 이것이 아리스토파네스가 대표하는 옛 그리스 코미디의 특징입니다.

코미디의 주인공은 우선 그 자체로 우스운 면이 있어요. 그는 자신이 하는 모든 일에 진지하지 않아요. 그래서 코미디의 주인공들은 더 고등하고 보편적인 관심을 갖지 않기에 실질적인 문제에서 이해관계의 갈등을 겪지 않습니다. 그들은 자신들의 현실과 모습에 전혀 의문도 품지 않습니다. 그렇기에 이러한 코미디의 주인공들은 대개 낮은 지위의 사람들입니다. 그렇지만 이렇게 진지하지 않기 때문에 거꾸로 결과의 희비극에 얽매이지 않습니다. 아리스토파네스는 이렇게 절대적인 자유정신과 사적인 평온함의 세계로 우리를 인도합니다.

이러한 자유정신의 분위기 속에서 아리스토파네스는 아테네

도시국가의 신성한 신들과 동료 시민들을 풍자합니다. 특히 동료 시민들의 우스꽝스러움, 다시 말하면 대중적인 어리석음, 정치가들의 정신없음과 전쟁의 부조리함 등을 폭로하는 데에 주력합니다. 빚쟁이에게 빚 갚는 법을 가르치겠다고 제의하는 철학자 소크라테스, 지하세계로 내려와 비극 작가를 육성하겠다고 결심한 디오니소스 신 등, 이들은 모두 처음부터 바보에 불과합니다. 그러기에 자기 확신을 가지고 자신이 생각한 과업을 달성하려고 노력합니다. 하지만 처음부터 바보인 자신과 그가 생각한 과업은 모순을 이루게 됩니다. 그렇지만 자신이 무능해서 그 과업에 실패하더라도 자기 확신이 대단해서 절대로 마음이 흔들리지 않습니다.

이런 점을 고려해서 헤겔은 아리스토파네스가 냉담하고 악의적인 조소(嘲笑)가는 아니라고 말합니다. 반대로 그는 아리스토파네스를 동료 시민의 안녕에 관심이 있는 가장 재능이 뛰어나며 가장 좋은 시민이라고 단정합니다. 반면에 앞에서 언급했듯이 플라톤은 이러한 아리스토파네스의 코미디를 심술궂은 시기심에 의한 쾌감이라고 비판했지요.

근대 유럽의 코미디와 고대 그리스 코미디의 차이점은 다음과 같습니다. 근대 코미디는 관객들에게 사적인 이해관계와 성격들과 그와 연관된 일상적 부도덕함과 부조리함, 그리고 특이한 행동과 어리석음을 전부 제시합니다. 그래서 관객들은 그러한 음모에 담긴 온갖 모순을 보고 웃게 마련입니다. 이런 식으로 아리스토파네스적인 '영원한 화해로서의 솔직한 유쾌함'이 근대의 코미디에는 존재하지 않습니다. 대신에 근대적인 음모의 코미디에서는 노골적인 악, 즉 교활하고 기만적인 자들의 음모, 사기, 비열함이 승리합니다. 음모에 의해 정직하지만 무기력한 어리석은 사람들이 늘 속임을 당하기 때문입니다. 이런 이유로 근대 유럽의 코미디는 헤겔이 보기에 구토가 날 지경입니다.

그럼에도 불구하고 근대 유럽은 진정으로 코믹하고 진정으로 시적인 코미디의 유형을 발전시켰습니다. 그러한 코미디의 기조(基調)는 그 모든 실패와 불운에도 불구하고 좋은 유머의 정신을 보여줍니다. 좋은 유머 정신은 무관심의 확신적인 유쾌함, 그리고 기본적으로 행복한 광기와 어리석음, 마지막으로 개성의 풍부함과 대담함입니다. 이것을 헤겔은 "깊이 있고 성찰적인 유머"라고 부릅니다. 대표적으로 「한여름 밤의 꿈」과 같은 셰익스피어의 코미디 작품들이 있습니다.

결론적으로 헤겔의 이러한 좋은 코미디의 발전과 더불어 미학의 철학적 탐구가 진정한 종결(완성)에 이른다고 봅니다. 코미디의 유머 속에서 자유로운 절대적 주체의 낭만주의 정신의 부정적인 면이 드러나기 때문이지요. 이런 점에서 코미디는 예술의 완결입니다.

열여덟을 위한 논리 개그 캠프

1판 1쇄 발행 2014년 11월 25일
1판 2쇄 발행 2015년 7월 20일

지은이 | 김성우, 송진완
펴낸이 | 조영남
펴낸곳 | 알렙

본문 카툰 | 황기홍
표지 일러스트 | 최은선
디자인 | 최진규

출판등록 | 2009년 11월 19일 제313-2010-132호
주소 | 서울시 마포구 합정동 373-4 성지빌딩 615호
전자우편 | alephbook@naver.com
전화 | 02-325-2015
팩스 | 02-325-2016

ISBN 978-89-97779-45-1 43170